ZERO
CONSULTING
零牌顾问机构

零牌管理书系 ①

员工
职业化修养

刘　璋◎著

经济管理出版社
ECONOMY & MANAGEMENT PUBLISHING HOUSE

图书在版编目（CIP）数据

员工职业化修养/刘璋著. —北京：经济管理出版社，2015.9
ISBN 978 - 7 - 5096 - 3894 - 1

Ⅰ.①员… Ⅱ.①刘… Ⅲ.①企业—职工—修养 Ⅳ.①F272.92

中国版本图书馆 CIP 数据核字（2015）第 175002 号

组稿编辑：张　艳
责任编辑：张　艳　赵喜勤
责任印制：司东翔
责任校对：车立佳

出版发行：经济管理出版社
　　　　　（北京市海淀区北蜂窝 8 号中雅大厦 A 座 11 层　100038）
网　　址：www. E - mp. com. cn
电　　话：（010）51915602
印　　刷：三河市海波印务有限公司
经　　销：新华书店
开　　本：720mm × 1000mm/16
印　　张：12.75
字　　数：179 千字
版　　次：2015 年 9 月第 1 版　2015 年 9 月第 1 次印刷
书　　号：ISBN 978 - 7 - 5096 - 3894 - 1
定　　价：39.00 元

零牌管理书系 2015 年书目

书 名	作 者
《员工职业化修养》	刘璋
《智行天下——企业经营全球案例集（一）》	陆久刚、张 帆
《水样组织·一体化运营——零牌技术地图》	祖 林、怀海涛
《迪声悠扬——跨界·零牌亲子互动文集（一）》	陈启迪
《跨界：从解困到突破》	祖 林、熊 江
《挣扎的日本和困惑的中国》	木元哲、祖 林
《向佛教学管理》	熊 江、祖 林
《分享营销》	周祖岳
《中国制造的世界级战略》	祖 林、怀海涛
《不会说话别当头》	祖 林
《制造业生产成本削减实战》	祖 林、怀海涛
《班组管理：从优秀到卓越》	陆久刚、张 帆
《班组现场精细化管理》	陆久刚、张 帆
《精益培训方式：TWI 现场管理培训手册》	［美］帕特里克·格劳普、罗伯特·J. 朗纳 著 刘海林、林秀芬翻译，祖 林校译
《技术性营销与一体化作战》	赵雅君、梁 莹、简惠宽
《计件制工资改革》	怀海涛、陆久刚、张 帆

零牌管理书系总序

水样组织，一体化运营

为朋友救场的一堂《企业物流管理实务》课程，直接导致一个中国新锐咨询机构的诞生。

从 2001 年 4 月 8 日第一次正式向客户提交项目方案到现在，零牌顾问机构创立已有 14 周年。回顾 14 年的发展历程，零牌顾问机构经历了组建工作室（零牌专家组）、知识产品开发、成立公司（广州零牌企业管理顾问有限公司）、品牌再造和全面业务拓展等多个阶段，而品牌建设一直贯穿其中。

2005 年 9 月，作为零牌顾问机构创始人，初露头角的我进入华南理工大学工商管理学院兼职任教，担任《生产运营管理》课程的教学工作；2009 年 5 月，被聘为中山大学高等继续教育学院兼职教授，主讲《组织行为学》。10 年大学工商管理教育的历练，极大地拉动了零牌顾问机构的理论体系建设，2010 年起，零牌顾问机构的专家团队已经常态化地在华南理工大学和中山大学的讲台上为中国产业发展服务。

如今，零牌顾问机构已经是国内有一定知名度的培训咨询机构，成为中国管理咨询行业独具特色的顾问公司：聚焦企业一体化运营研究（如图 1 所示），咨询业务通过项目拉动企业变革，培训课程帮助企业补充微量元素，全球跨界学习激发企业创新灵感、助力企业突破发展"瓶颈"，零牌木元塾则为中国培养具有国际化视野和经营能力的新锐企业家。

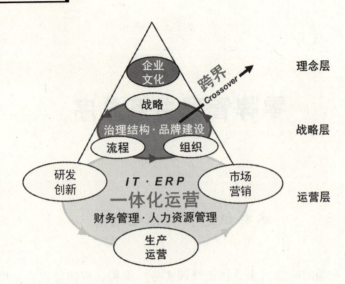

图1 企业一体化运营大地图 © ZERO Consulting 零牌顾问机构

14年来，零牌顾问机构原创性地开发和建设了拥有自主知识产权的知识库，包括技术地图库、课程提纲库、讲义库、练习库、案例库、音像案例库、项目案例库、调查问卷库、试题库、原创文章库、管理书系和音像课程库等。

零牌知识库是零牌专家团队与全球前沿思想和中国本土实践一体化互动的结晶，其开发过程逐步形成了零牌顾问机构的技术创新特色。14年来，零牌顾问机构从以现场为中心的精益生产逐步拓展到制造人力资源、销·研·产一体化，从接受华南理工大学工商管理学员关于先进制造技术（AMT）和先进制造业（AMI）的研究，逐步拓展到组织变革、企业顶层设计（如图2所示）、世界级制造（WCM）和工业4.0。

不论研究领域如何演变，零牌顾问机构始终以一体化运营为内核，从营销、研发和生产一体化，到战略、流程和组织一体化，再到理念层、战略层和运营层一体化。14年来，零牌顾问机构与时俱进，取得了一系列理论创新成果，"水样组织"、"一体化运营"、"跨界工作机制"、"人才盘点"、降成本作战大地图（如图3所示）等，这些读来新鲜的工商管理词汇并非浮云，

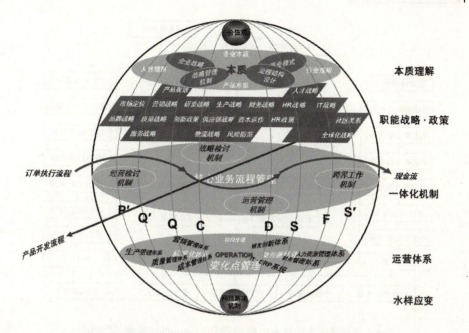

图2　企业顶层设计大地图 © ZERO Consulting 零牌顾问机构

而是切实指导零牌顾问机构推动企业组织蜕变、强化国际竞争力、构建组织
DNA 的理论武器。

正是有理论体系的创新支持,零牌顾问机构才在市场竞争中独树一帜,
业务领域从培训、咨询、全球跨界学习到经营塾(零牌木元塾),常客户群
体不断扩大,从 500 强外资企业、民营企业、上市公司到创业型企业,客户
生命周期续创新高,2013 年开始业务常年处于饱和状态,零牌课堂也从中国
拓展到日本、美国和德国等地。

为了更好地助力中国企业产业报国,零牌顾问机构的知识产品从课程、
辅导拓展到管理书籍、音像课程,与客户的互动方式也从单一的课堂和现场,
增加了网站、微信、QQ、电话和邮件等。

2005 年起,零牌顾问机构与广东经济出版社合作,陆续推出了零牌管理
丛书;2011 年起,应中国台湾咨询培训界前辈林荣瑞老先生之约,零牌顾问
机构的若干本专著纳入厦门大学福友现代实用企管书系;2012 年,应北京中

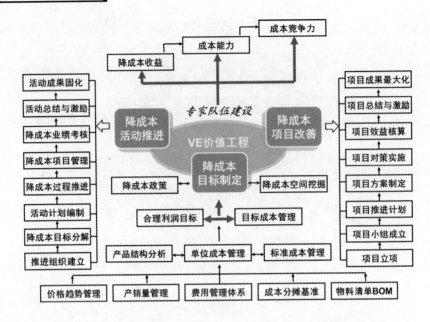

图 3　企业降成本作战大地图 © ZERO Consulting 零牌顾问机构

智信达总经理王建敏女士之约，零牌顾问机构在中国工商联合出版社出版了《中国制造的世界级战略》。零牌管理书籍的出版发行受到广大企业界读者的好评，销量屡创新高，图书陆续再版。

　　早在 2003 年，担任首席顾问的我就有一个愿望：有朝一日在一家出版社全面出版"零牌管理书系"，随着零牌顾问机构的发展，这个愿望也日益强烈。2013 年，当零牌技术地图库达到 100 张地图时，我就萌发了出版《零牌技术地图集》的灵感和冲动，突然发现：零牌管理书系该破壳而出了。

　　2014 年 12 月 31 日，零牌顾问机构在福建下洋客家围屋召开年会，北京华夏智库文化传播有限公司的王欣老师给我打来电话，我们毅然决定：2015 年，零牌管理书系正式启航。

　　零牌管理书系是零牌顾问机构和中国企业的共同平台，不但是 14 年来零牌知识体系建设的结晶，而且有零牌企业客户和优秀学员的经营实践总结，也就是说，零牌管理书系的作者包括零牌专家团队、中国企业家和企业干部。

这一定位得到了诸多企业界朋友的热烈响应，泰豪科技股份有限公司前任副总裁刘璋先生、广州市汇奥机电有限公司董事长兼总经理周祖岳先生等都表达了对零牌管理书系出版专著的愿望。

感怀于14年来国内企业界对零牌顾问机构的信任和支持，投身国家产业转型和企业蜕变的时代洪流，零牌顾问机构希望以零牌管理书系作为另一种途径，与中国企业互动，与中国企业家互动，与广大干部员工互动，与企业经营管理实践互动。

在零牌管理书系面世之际，我们衷心感谢14年来关心支持零牌顾问机构的广大客户和学员，我们特别要感谢全国知名培训师万宗平老师，华南理工大学许晓霞、谢菠兰老师，中山大学韦小妹、刘正生老师，松下电器（中国）前总裁木元哲导师，北京航空航天大学欧阳桃花教授等。

在这里，作为创始人和首席顾问，我还要特别感谢至今还奋斗在零牌顾问机构服务一线的创始员工刁爱萍、赵雅君、怀海涛和梁莹老师，特别感谢曾经为零牌发展做出贡献的聂琳、李宏迎、简建民、黄辉强、谢铨、杨彬誉、袁文、陈汉波、宁静和李煜等老师，特别感谢方行国际董事长吴培华老师、日本松下电器安本刚基先生、日本一桥大学中国交流中心志波干雄教授、日本金桥商务社长杨金峰女士和日本万达旅运社长西内路子女士等事业伙伴。

零牌管理书系的孕育和诞生，也得到了中国出版界张晓兰老师、沙林琳老师、刘颖老师、张艳老师和冯巩辛等老师的关怀和帮助，在此一并致谢。期待零牌管理书系结合零牌顾问机构的培训、咨询、全球跨界学习和零牌经营塾业务，开创零牌团队产业报国的新篇章。

祖林

2015 年 6 月 12 日　广州

前　言

目前，由德国等工业强国发起的"工业 4.0 革命"正在席卷全球，而"中国制造 2025"也成为国内的热词。许多有识之士认为，如果中国制造业在这场革命中不能顺势而为，跟上时代发展的步伐，就有可能失去历史发展的机遇，对中国现代化进程造成严重影响。只有具备优异的制造能力，才具备基本的竞争能力。中国要实现从制造大国向制造强国转变，必须拥有一大批高素质人才。造就一大批高素质人才的重要途径就是实施员工的职业化建设。中国必须尽早和尽多地培养高素质的职业化员工，才能进一步提高企业的核心竞争力。因此，员工职业化是当今中国企业一个重要而又紧迫的时代命题。

对于任何一个企业来说，战略很重要，创新也很重要，执行力更重要，但是如果企业的管理者和员工缺乏职业化素养，那么企业的战略、创新和执行力都无从谈起。所以，只有培育并拥有一大批高素质的职业化员工，企业在市场经济中才具有核心竞争力，才能不断走向成功。

当前中国经济和企业发展面临新的转型升级，人才竞争成为市场竞争的主体。但现实情况则是一方面社会有大量的人员需要就业，另一方面是企业亟须大批高素质的人才，而许多企业现有员工和需要就业人员的职业素质与企业发展的要求又极不相应，满足不了当前企业的发展要求。可见，中国企业并不缺少人，缺少的是职业化的员工，尤其是缺乏高素质的职业化人才。因此，企业转型期的矛盾和问题，蕴藏着重建的契机，员工职业化是企业员工职业人生定位并实施转型的方向，加强职业化修养是企业员工素质提升的必要途径。

市场经济条件下劳动力是一种特殊的商品，那么作为职业人来说同样具有商品的相关属性——职业品牌：知名度、美誉度。现代企业制度已经彻底打破了旧传统体制下的员工"铁饭碗"，员工只有不断学习，磨炼职业化能力，提高自己职业化素养，用职业化的标准来塑造自己，打造自己的职业品牌，才能提高自己在市场经济条件下的职场竞争力。中国有句古话："授人以鱼不如授人以渔。"授人以鱼，仅供三餐之需；授人以渔，够你终生之用。作为一个职业人，他们可以选择自己喜爱的职业和服务企业，同时他们也在接受市场的甄选和猎取。因此"员工有了职业化，走遍天下都不怕"。

员工要经营自己首先必须会管理自己的职业人生。因此，加强员工职业化修养是企业文化建设的重要内容，也是新形势下企业思想政治工作的重要内容。员工职业化修养是管理自己的有效方式，通过职业化修养不断磨炼心智、完善人格，才能不断提高自己的职场竞争力。

刘璋
2015 年 5 月

目　录

OCR

第一章　员工为什么要职业化

员工职业化是当今中国企业一个重要而又紧迫的时代命题。

说重要，是因为在新的历史条件下，员工面临更大的竞争压力，员工职业化将为员工拓展更大的发展空间，提升员工的工作绩效，铸就员工的职业品牌和个人竞争力。

同时企业也面临更大的挑战，员工的职业化将打造企业在市场的核心竞争力，是应当高度重视的关键问题；说紧迫，是因为当前员工和企业都面临新的挑战，员工职业化以及如何培育职业化修养，已经成为中国企业生存与发展的当务之急；说是一个时代命题，是因为员工职业化不是一个权宜之计，而是一个国家和企业发展强大的百年大计。

第一节　员工职业化的基本概念

一、什么是员工职业化

职业是人生事业的基本舞台。在这个舞台上，有的人是导演，有的人是演员；有的人担任主角，有的人担任配角；有的人在前台，有的人在后台，尽管每个人的分工和角色有所不同，但是凭借这个舞台，每个人都在舞台上树立自己的职业形象，演绎自己的职业人生。

从社会角度看，职业是劳动者获得的社会角色，劳动者为社会承担一定的义务和责任，并获得相应的报酬；从国民经济活动所需要的人力资源角度来看，职业是指不同性质、不同内容、不同形式、不同操作方法的专门劳动岗位。因此职业是参与社会分工，利用专门的知识和技能，创造物质财富和精神财富，获得合理报酬，满足物质生活、精神生活的工作，同时也是人们在社会中谋生的手段。古人说，三百六十行，行行出状元。随着科技的发展，有的职业消亡了；但是由于社会大生产的发展需求，社会的分工越来越细化，为人们展示了更大的职业舞台和发展空间。

职业化是随着经济全球化和国际化而产生的，是市场经济和社会化大生产的自然产物和必然的结果，也是现代企业管理的必然要求。职业化是一种工作状态的标准化、规范化、制度化，即在合适的时间、合适的地点，用合适的方法，说合适的话，做合适的事，使员工在知识、技能、观念、思维、态度、心理上符合职业规范和标准。

什么是员工职业化呢？员工职业化就是使员工在职业道德、职业技能、职业心态、职业意识、职业习惯等方面符合职业规范和职业标准，在工作中找准定位，切实履行岗位职责，并取得圆满业绩。

因此，员工职业化含义包含三个方面的要求：

一是员工的职业行为应符合职业规范和标准。员工必须学习和了解本岗位的职业规范和标准。无法精准定量而形成的标准被称为规范，它们可以由组织正式规定，也可以是非正式形成。职业规范和标准都是对组织中各类岗位员工劳动行为、素质要求等所作的统一规定，也是对从业人员工作能力水平的规范性要求，内容以工作所需的职业道德、职业技能、职业心态、职业意识、职业习惯为主，它是从业人员从事职业活动以及企业招聘、培训、考核、选拔、任用的基本依据。

二是员工应找准工作定位，忠实履行职责。员工应根据职业规范和职业标准的要求，了解自己的岗位职责，找准自己的职责定位，忠于职守，严格履行职责赋予的各项职权，在履行职责的时候，要在合适的时间、合适的地点，用合适的方法，说合适的话，做合适的事。

三是员工必须圆满完成岗位业绩。员工必须承担职责范围内的责任，把圆满完成业绩作为自己工作的出发点和终极目标，圆满完成承担的工作，以结果兑现承诺，对结果负责，以结果说话。

二、员工职业化的基本内容

员工职业化的基本内容主要包括三个方面：

职业道德：是指职业人士应该遵守的道德规范。职业道德是同人们的职业活动紧密联系的符合职业特点所要求的道德准则、道德情操与道德品质的总和，它既是对本职人员在职业活动中的行为标准和要求，同时又是职业对社会所负的道德责任与义务。

职业技能：是指职业人士应有的技术知识和能力。职业技能包括两个方面，一是人们所获得的职业资质证书、学历证书；二是人们的实际工作能力、操作技能和水平。

职业素养：是指职业人士应具有的职业心态、职业意识和职业习惯以及应掌握和遵守的职业规范及要求。

在职业化基本内容的三方面要求中，职业道德起统领作用，同时三者又相辅相成，不可偏废。职业化员工懂得职场的职业道德，深谙职场中做人做事的道理，才能承担起应有的责任；职业化员工掌握一定的职业技能，在业务上更专业，才能在职场中发挥应有的作用；职业化员工具有一定的职业素养，遵守职业道德操守，才能有效地履行自己的职责。

三、员工职业化的基本特征

职业化的基本特征主要包括三个方面：职业理念、职业精神和职业行为。

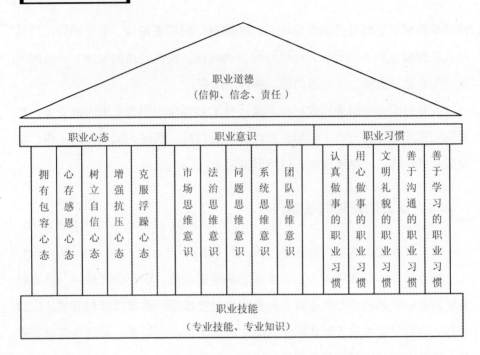

图1-1 员工职业化模型

同时职业的基本特征具有鲜明的时代性，在不同历史时期职业化的基本特征赋予不同的具体内容。

在革命战争年代，中国共产党人带领农民"打土豪，分田地"、"唤起工农千百万，同心干!"马克思在《共产党宣言》的结尾以激扬的文字写道："他们的目的只有用暴力推翻全部现存的社会制度才能达到。让统治阶级在共产主义革命面前发抖吧。无产者在这个革命中失去的只是锁链。他们获得的将是整个世界。全世界无产者，联合起来!"一大批革命志士胸怀坚定的共产主义信仰和信念，在革命战争中英勇作战，不怕牺牲;对革命工作不怕吃苦，乐于奉献，充分体现了作为职业革命家、职业军人的英雄本色。

毛泽东同志曾经发表了著名的《纪念白求恩》、《为人民服务》、《愚公移山》三篇文章，后来被称为著名的"老三篇"。"老三篇"也可以说是对那个革命年代职业革命家和职业军人职业化基本特征的最好诠释，几十年来成为人们职业和思想修养的经典，人们对其中的警句耳熟能详，张口能背，熟记于心。这些精辟而又语重心长的论述，长期震撼着人们的心灵，感染着人们的情绪，引导着人们的思想，规范着人们的行动，引导人们自觉地以此为标准，以白求恩、张思德和老愚公为榜样，对照检查自己的职业行为。

时过境迁，时代已经发生了巨大的变化。我国社会的主要矛盾已经发生了根本变化，党的工作中心已经转变为"以经济建设为中心"，中国社会的产权结构也已经呈现多元化，无产者的群体正在消亡之中，社会发展的目标就是让绝大多数的国民都拥有私有财产，同时以法治的手段保障私有财产。在这种情况下，职业化的基本特征也必须符合中国已经变化了的现实。在建设有中国特色的社会主义的征途中，新的历史时期赋予了中国企业员工职业化特征更多的丰富内涵，我们应该与时俱进，才能跟上历史潮流的发展步伐。

在不同历史时期、针对不同的职业人员，职业化的基本特征有不同的具体内涵。作为一个职业化员工，从入职开始必须对人生的职业观念、职业精神和职业行为进行认真的思考，才能找到自己的职业方向和目标，确定人生的职业坐标；才能明确自己的工作责任，并且以积极的心态去做好工作；才能在自己的职业生涯中去做好自己的工作，开辟职业人生的美好未来。

1. 职业理念

职业理念是指由职业人员形成和共有的观念和价值体系。职业理念可以理解为职业价值观，即你为什么而工作、为谁去工作。正确的职业理念，对员工的职业生涯具有良好的指引作用，使员工自觉地改变自己，跨上新的职业台阶。职业化员工的职业理念是：

· 把职业作为事业和人生的追求

白求恩是个医生和加拿大共产党员，为了支援中国人民的抗日战争，不远万里来到中国，体现了一个国际友人伟大的国际主义精神；张思德从小参加红军，从一个贫苦的农村孩子成长为一名优秀的共产党员。他们都是有共产主义理想信念的一代革命志士和职业军人。

当今时代我们不能要求每一个人都信仰共产主义和为实现共产主义的远大目标而奋斗，但是"国家兴亡，匹夫有责"，作为一个职业化员工应以国家和民族利益为己任，把职业人生的发展与国家的发展和民族的振兴相联系，为中华民族的伟大复兴而奋斗；不仅以某种职业作为谋生的手段，同时把该职业作为自己事业和人生的追求，在工作中不断实现自己的人生价值。

· 以满足客户需求为职业宗旨

毛泽东在《为人民服务》一文中以张思德为典范，提出了共产党人必须坚持"全心全意为人民服务"的宗旨。提出"我们的共产党和共产党所领导的八路军、新四军，是革命的队伍。我们这个队伍完全是为着解放人民的，是彻底地为人民的利益工作的"。

职业化员工以满足客户需求为职业宗旨，就是体现了"全心全意为人民服务"的宗旨，而绝不能把"为人民币服务"作为追求的目标。在市场经济条件下，满足客户的需求不仅是企业生存发展的需要，也是社会经济发展的需要；同时在企业内部也存在一个市场链的关系，即企业内部的工作链中下一道工序是上道工序的客户，各个部门的服务对象都是自己的客户，因此要以客户为关注焦点，以"满足客户要求，超越客户期望"为职业宗旨，做好自己的本职工作。

2. 职业精神

职业精神是与人们的职业活动紧密联系并具有自身职业特征的精神。职业精神也可以理解为职业态度，即我们应该以正确的态度对待工作。正确的职业态度和工作精神，是我们做好工作的前提和必要条件。职业化员工应具有的职业精神是：

· 忠诚职业的职业精神

白求恩是加拿大的一名著名外科医生，1937年率领一个医疗队来到中国解放区救死扶伤，他医术精湛且具有牺牲精神、高度的工作热忱和工作责任心，在一次为伤员做手术的过程中被病毒感染不幸牺牲。毛泽东高度评价白求恩同志对职业的忠诚，指出"白求恩同志毫不利己专门利人的精神，表现在他对工作的极端的负责任，对同志对人民的极端的热忱"。

职业人以忠诚职业为基本原则。忠于职业就是职业观念至上，不管在任何时候、任何情况下，都忠于职守，绝不丧失原则，也绝不拿原则做交易；忠于职业就是对工作极端负责，并勇于承担责任。

· 自强不息的职业精神

毛泽东在《愚公移山》这篇文章中，以愚公移山这样一个寓言故事提出了共产党人应有的不屈不挠、坚忍不拔、锲而不舍的职业精神。北山愚公的家门口有两座大山挡住他家出路，愚公下决心要搬掉这两座大山。一个名叫智叟的对他冷嘲热讽，但愚公不为所动，带领他的儿子们每天挖山不止，智叟笑他太傻，认为不可能。愚公说：我死了有儿子，儿子死了还有孙子，子子孙孙是无穷无尽的，又何必担心挖不平呢？愚公的行动终于感动了天帝，于是天帝命令夸娥氏的两个儿子把山背走了。这篇文章号召共产党人应该学习愚公移山的精神，一定要将革命进行到底，解放全中国。

职业人应该学习愚公移山的精神，认定一个目标，就要坚定不移地走下去，不达目的，绝不罢休；同时要敢于面对困难，不畏困难，敢于和困难做斗争，有战胜困难的精神和勇气，就一定能取得最后的胜利。

· 富于牺牲的职业精神

1944年9月5日，张思德在陕北安塞县烧炭时，因炭窑崩塌而牺牲。在《为人民服务》这篇文章中，毛泽东指出"人固有一死，或重于泰山，或轻于鸿毛。张思德是为人民利益而死的，他的死是比泰山还要重的"。

职业人应具有富于牺牲的职业精神。主要体现在个人利益与组织利益发生矛盾的时候，做到个人利益服从组织利益；在个人利益与职业利益发生矛盾的时候，敢于牺牲个人利益。

3. 职业行为

职业行为是指人们对职业劳动的认识、评价、情感和态度等心理过程的行为反映。职业行为，即我应该以怎样的行动去工作。良好的职业行为是职业目的达成的基础。职业化员工应具有的职业态度是：

· 以理性和专业的态度对待工作

毛泽东在《纪念白求恩》这篇文章中号召"我们大家要学习他毫无自私自利之心的精神。从这点出发，就可以变为大有利于人民的人。一个人能力有大小，但只要有这点精神，就是一个高尚的人，一个纯粹的人，一个有道德的人，一个脱离了低级趣味的人，一个有益于人民的人"。

职业人要能用理性的态度对待工作，能用职业行为约束自己，而不是凭感情和意气行事；工作中对所从事的职业训练有素，职业行为规范，在工作细微之处做得更加专业；工作严谨，注重用数据说话。

· 高度和高效的执行力

张思德1933年参加红军，经历过长征，立过功，负过伤，从战士到班长，又从班长到中共中央警卫团战士，他都无条件地服从组织决定。表现出了一个革命军人高度的执行力。

从执行的角度来说，职业人应该把执行力作为第一要务，服从命令，听从指挥，保证圆满完成组织下达的各项任务；同时认为执行是一个纯粹的过程，工作中他首先想到的是怎样做得更合理、更有效，一般不易受其他因素的干扰。

第二节　职业化是员工职业生涯发展的必由之路

一、现代社会和企业发展过程中的人力资源困惑

1. 社会和企业对人力资源的需求困惑

· 员工的职业素养与现代服务业的发展需求不相适应

当前，中国社会正处于经济结构的转型调整期。随着我国国民经济的产业调整，第三产业在国民经济中的比重不断增大，同时对员工的职业素质也提出了更高的要求。但是目前我国人力资源的现状与快速发展的现代服务业不相适应。以家政服务和医疗护理服务人员为例，中国社会已经逐渐进入了老年社会，老有所养、老有所医的问题日益凸显。但是目前在我国不少的地区和城市，家政服务和医疗护理人员的服务水平与社会需求不相适应，主要存在三大问题：一是市场中介机构管理混乱。市场上的这类机构可以用鱼龙混杂来形容，他们更偏重于能拿到更多的中介费用，对应聘从事家庭保姆和医疗护理人员的培训和管理比较混乱。二是从业人员素质偏低。家庭保姆和医疗护理人员不仅需要有一颗真诚的爱心，还要有一定的相关专业知识。但是，目前从事这类工作的人员普遍缺少专业培训，应有的职业道德、职业技能和职业素养偏低。三是从业人员年龄偏大。这与当前社会人员的择业观念有关，一些人认为做家庭保姆和医疗护理工作是伺候人的工作低人一等，目前从事此类工作的人员大多数在 50 岁左右，有不少是在 60 岁以上人员，年纪较轻的人员很少问津此类工作。

· 员工的职业素养与现代制造业和高新技术产业的发展需求不相适应

中国的现代制造业目前正处于由低端制造向高端制造、由中国制造向中国创造的转型发展期，需要大量高素质的人才，同时新型高新技术产业的发展也迫切需要大量的高新技术人才。但是目前一些企业缺少高素质的员工，主要原因一是现有的部分员工素质与形势的发展不相适应，职业素质有待提高；二是企业高素质人才青黄不接，尤其缺乏高素质的技术人员和制造工人。有的企业有产品、有市场，硬件也不错，有较好的发展前景，但是员工的职业化素质较差成为制约其发展的最大"瓶颈"。据了解在一般情况下，一个员工只能发挥出自身能力的 40% ~ 50%；但如果这名员工能够受到良好的职业化素质教育，那么他就能更好地发挥出主观能动性，能为企业的发展做更多的工作。

· 就业难与招工难的矛盾

以我国每年的新增就业情况来看，国家统计局发布的权威信息显示，2014 年末比 2013 年同期新增加就业人员 1070 万人，其中应届大学毕业生达到 727 万人，初次就业率超过 70%。我国历届政府都把解决就业作为保障和改善民生的一件大事，并为此出台一系列的优惠政策，鼓励有关人员就业。尽管有许多企业需要招收员工，但是一方面仍然有不少企业为招工难感到困惑，另一方面又有不少待业人员因不能胜任工作或不愿意从事有关的职业而苦恼。

从以上分析可以看出，员工职业化已经成为当前企业发展最迫切的时代命题之一。随着中国经济和企业的转型升级，企业员工的职业定位也面临新的转型调整。但是一方面社会有大量的人员需要就业而没能就业，另一方面是许多企业无法招收到合适的员工，同时企业现有许多人员的素质与企业发展的要求不相适应。可见，中国企业并不缺少人，缺少的是职业化的员工，尤其是缺乏高素质的职业化人才。

2. 企业员工的心理困惑

·困惑一：国有企业主人翁的失落感

20 世纪 90 年代末以来，有许多国有企业的管理体制已经发生了深刻的变化，由原来单一的国有经济体制改组为混合经济型所有制。在这场深刻的变革中，国有企业员工的思想观念也在经历一次重大的转变。随着国有企业的改制，员工的国有身份也进行了置换，并与新改制的企业重新签订了劳动合同，形成了新的契约关系。有些员工抱怨自己在企业改制后的地位："企业改制以后，说了算的是股东会、是'老板'。过去的主人翁，现在是主人空。"

·困惑二：混合经济体制企业部分员工的自卑感

在混合经济所有制企业，有不少员工把股东当作老板，把自己当成为老板打工的打工仔。在这种心态下，一些人产生了自卑感，有些人这样表达自己的感想："只拿这点钱，凭什么要我做那么多工作，我傻呀？""拿多少钱，干多少活，谁也不欠谁的。多一点也不干，干了白干！""工作嘛，说得过去就行了，干吗那么较真，又不是为自己干。"

以上种种现象反映了在我国经济社会转型的特殊时期，随着经济体制、社会结构、利益格局的深刻变化和调整，在利益主体多元化和价值取向多元化的情况下，部分员工心态的一种失衡。经济社会转型期的矛盾和问题，蕴藏着员工职业素养重建的契机。因此，员工职业化是员工职业人生定位和实施转型的方向，加强职业化修养是员工心态转化和素质提升的必要途径。

3. 员工对待职业的两种不同态度

有人曾问三个砌砖工人：你们在做什么？第一个回答：砌砖；第二个回答：在赚工资；第三个说：我正在建造世界上最富特色的房子。简短的回答，使三个人的工作态度跃然纸上，后来第三个人成了有名的建筑师。

这个故事告诉我们，目标的高度决定人的思想境界的高度，思想境界的高度决定人的发展高度。这三个工人把自己的工作分别看作是差事、赚钱、事业，其原动力不同，职业发展目标不同，所以职业素养要求不一样，结果也就不同。

在现实工作中，以上三种心态是司空见惯的。但是，归纳起来，第一个员工和第二个员工可以归纳为替别人打工的心态；第三个员工可以归纳为干事业的心态。心态不同，行动也不一样。由此可见员工对待自己所从事的工作，主要有两种不同的态度：

一种态度是找一份差事，混一口饭吃：把自己当作为老板干活的打工仔。对于这种态度我们称为"打工心态"。

对于把工作当作为老板打工、差事和赚钱的人，意味着对待工作的态度是一种无奈或不得已而为之，他们追求的目标是如何能够少做事、多赚钱，对待工作的态度是如何把做的事情向上司交差，因此工作中得过且过，不思进取，敷衍了事，不求有功，但求无过。

另一种态度是找一份职业，做一份事业：立志做一个职业人。对于这种态度我们称为"职业心态"。

对于把职业当事业的人，工作意味着执着的追求和自身价值的体现。他们以追求客户的满意作为目标；对待工作的态度是充满激情，认真负责，锲而不舍，不达目的，决不罢休。

马斯洛提出了人生需求的五个层次理论，认为人作为一个有机整体，具有多种动机和需要，人有生理需求、安全需求、社会需求、尊重需求、自我实现需求。但同时马斯洛又强调指出要注意的几个方面：其一，将需要分为由低级到高级五种，并不是一个需要百分之百得到满足后，更高一级的需要才出现；其二，通过什么渠道来满足我们的需求呢？我们要获得五大需求的满足，有一条最宽广的道路那就是工作；其三，生理需求是基本的，却不是人类唯一的需要。对人来说，较高层次的需要才是更重要的需要，才能给人带来更加持久而真正的快乐。

根据马斯洛的观点我们可以看出，我们对人生的理解，对人生目标的锁定，不能被钱财所定格，不能把对金钱的追求作为人生的终极目标。人在现实生活中需要钱，但钱不是人的一切；人需要有更高的目标追求，包括精神上和事业上的追求，人生才能更加精彩和有意义。正如日本京瓷创始人稻盛和夫所说的："我认为人类真正能衷心感到喜悦的是工作。也许有人反驳一个劲儿地工作枯燥无味，他们认为人生需要兴趣和娱乐。但是，所谓兴趣和玩乐，只有在工作充实后才能体会得到。工作不认真即使能够在兴趣和游玩的世界里得到快乐，那也只是暂时的快乐，一定不能体会到从心底涌现出来的喜悦。在劳动中获得的喜悦是特别的，绝对不是游玩和兴趣可以代替的。认真、努力地工作，克服痛苦和辛苦后取得成功时的成就感，是人世间无可替代的喜悦。"

因此，立志做一个职业人，是我们实现自我价值的重要途径。以"职业心态"去对待工作，胸怀理想和抱负，才能志存高远，我们可以得到更多；以"打工心态"对待工作，一心钻到钱眼里的人，目光短浅，他们得到的会更少，而所失去的也将会更多。

4. 中国员工职业化不足的原因分析

中国职业化的发展起步比较晚，目前还处于一个比较初级的阶段，究其原因主要有以下三个方面：

· 一是文化原因

官本位的观念。"学而优则仕"是中国几千年来的一种封建传统观念。中国历史上有"范进中举"的故事，它深刻描述了读书就是为了走仕途，把读书作为出人头地、光宗耀祖的唯一途径。因此，旧的传统观念也使许多人在择业观念和职业理念上产生偏离。尤其是我国近几年的考公务员热，出现千军万马过独木桥的现象，公务员成为很多大学生首选职业，竞争激烈程度可想而知，最热门的专业报考人数与录取人数的比例竟高达 4732∶1。除了有人认为公务员福利优厚、职业稳定、工作舒适等之外，不能否认"官本位"和"走仕途"的思想观念也在某种程度上起作用，而这与职业化的理念是格格不入的。

重文轻理的文化。科举制度重文轻理，一心只读圣贤书，但对科学技术的书却不予重视。中国自古虽有四大发明，但是与中国源远流长的厚重人文文化相比，显得势单力薄，相形见绌，尤其是从中国的近代科技发展史来看，中国科学技术的发展滞后于世界的工业化文明，这与历史惯性不无关系，同时也影响了中国工业和员工职业化的发展进程。

· 二是历史原因

中国历史上缺乏大工业化的洗礼。18 世纪世界第一次工业革命已经兴起的时候，我国还处于一种封建落后的农耕时代，到 19 世纪末 20 世纪初中国才有了最初的民族工业萌芽。中国没有经历资本主义的工业化发展阶段，直到新中国成立以后，中国才开始逐步形成自己的工业化体系。马克思认为资本主义的工业化同时造就了资本主义的掘墓人——工人阶级队伍，同时也是先进生产力的代表，他们不仅具有彻底的革命精神，同时也是最具备职业化的阶层。新中国成立以后建立的工业化体系，使得大批来自农村的人员加入到工人阶级队伍，但是新入职员工头脑中固有的小农经济生产方式以及由此产生的小农经济思维方式和习惯，导致他们要适应大工业的发展需要，树立职业化的理念和养成职业化的习惯有一个转变的过程，尤其是要造就一大批职业化的员工队伍，需要一个发展和沉淀的过程。

中国封建专制主义制度遗留的影响。封建专制主义制度在中国延续两千多年，封建政府对人们采取的是一种愚民的政策，从而使人们缺乏独立的人格和独立的思考能力，在某些特定的环境下，又使人们的思想观念往往趋向于两个极端，要么是奴性，要么是走向它的反面——无政府主义或极端民主化，这些现象鲁迅先生的作品中有淋漓尽致的刻画，在史无前例的"文化大革命"运动中更是得到了充分的暴露和体现。职业化需要培育员工独立思考的能力和完善的人格，才能培育符合现代社会价值观的员工，才有利于造就职业化人才成长的环境。

　　· 三是现实原因

　　蔑视规则、轻视程序的现象在社会生活中比较普遍。许多人不按规则办事，有法不依。中国的法律制度从大秦律到大清律一直有，这些年更是制定了众多的法律，法制蔚为大观，但依法治理的法治却若隐若现，有法不依和选择性执法时有发生，人治无处不在。以城市市民过马路为例，必须"红灯停，绿灯行"，走人行横道线。但是据有关部门调查和新闻媒体报道，至少有50%以上的市民没有自觉遵守这一交通规则，不少人往往是选择集体过马路的形式；执法不严或选择性执法、长官意志、以权代法的现象时有发生。这些问题说到底，是现实社会中人们的法治思维的缺失。

　　教育失误对员工职业化的影响。邓小平同志说过，改革开放以来我们的最大失误是教育。事实也可以看到，中国社会因教育失误所形成的职业道德和职业素养空白在短期内难以得到有效弥补。对员工职业化的影响主要表现在：放松了对于人生观、价值观的教育，使一些人缺乏理想和信念；放松了对于道德文化的培养，一些人心目中中国优秀的传统道德流失；应试教育使一些新入职员工的实际动手能力差，独立生活能力和工作自治力不强，工作中创新能力不足；在我国过去延续多年师傅带徒弟的传统在一些企业没有得到很好的传承，致使这些企业面临人才青黄不接的现象等。

二、职业化是员工职业生涯发展的必由之路

1. 职业化为员工职业人生的发展确定方向

　　· 从现代企业公司人力资源结构和治理结构来看员工队伍职业化的必要性

从企业的组织框架和人员分工来看，企业各部门及各级各类人员的分工虽然有所不同，但是从各自的岗位来说，他们都是企业整个生产经营过程链条中一个不可或缺的环节。

从企业与员工的关系来看，企业与职业经理人和员工都是一种契约关系。企业对职业经理人实行的是聘任制加合同制，职业经理人实施能上能下的管理机制；对一般员工实行的是合同制，在有的企业对一般员工也实行合同制加内部聘任制，为的是引入竞争机制，实行内部优化组合，给员工创造平等竞争的机会。不管是职业经理人还是一般合同制员工，也不论他们是采用聘用制还是合同制，从法律的本质上来看，他们与企业都是一种契约关系。

从企业人力资源的构成和员工与企业的契约关系可以看出，员工队伍的职业化是企业加强员工队伍建设的重要保证，是构筑高素质人才队伍的重要举措。

· 从我国经济发展的新要求来看员工队伍职业化的必要性

目前中国经济发展进入新常态，基本特征是速度变化、结构优化、动力转换。从速度看，我国经济由高速增长转为中高速增长；从结构看，经济结构不断优化升级；从动力看，经济发展由要素驱动转向创新驱动。即我国经济正在向形态更高级、分工更复杂、结构更合理的阶段演化，经济发展进入新常态，经济发展方式正从规模速度型粗放增长转向质量效率型集约增长，经济发展动力正从传统增长点转向新的增长点。

中国目前面临"中国制造2015"新的历史发展机遇。21世纪以来，新一轮科技革命和产业变革正在孕育兴起，全球科技创新呈现出新的发展态势和特征。这场变革是信息技术与制造业的深度融合，是以制造业数字化、网络化、智能化为核心，建立在物联网基础上，同时叠加新能源、新材料等方面的突破而引发的新一轮变革，将给世界范围内的制造业带来深刻影响。"中国制造2015"为中国制造业未来10年设计顶层规划和路线图，通过努力实现中国制造向中国创造、中国速度向中国质量、中国产品向中国品牌三大转变，推动中国到 2025 年基本实现工业化，迈入制造强国行列。

"企业靠产品，产品靠科技，科技靠人才"。面对我国经济发展方式的转变和"中国制造 2015"新的工业化浪潮，时代在呼唤中国企业员工的职业化和职业化精神。因此，企业发展的根本是人才。中国要实现从制造大国向制造强国转变，必须拥有一大批高素质的人才。造就一大批高素质的人才的重要途径就是实施员工的职业化建设。因此，中国企业必须尽早、尽多地培养高素质的职业化员工，才能适应国际国内工业经济形势发展和现代企业发展的新要求。

· 从员工的职业生涯规划发展来看员工队伍职业化的必要性

员工职业化为员工职业发展指明方向。对于每一个员工来说，应该制定自己的职业发展规划，确定自己的职业生涯发展目标。作为一个职业化员工，他的职业化发展通道，主要有两个方面的选择：

一条发展通道是成为卓越的管理者，即入门者—熟练者—管理者—领导者—领袖人物。

另一条发展通道是成为卓越的技术专家，即入门者—熟练者—精通者—技术专家—权威人士。

员工在制定职业发展规划时，必须注意在实现自我价值中找准定位。从彼得原理我们可以得到启示。彼得原理也被称为"向上爬"理论，它是美国学者劳伦斯·彼得在对组织中人员晋升的相关现象研究后得出的一个结论：在各种组织中，由于习惯于对在某个等级上称职的人员进行晋升提拔，因而雇员总是趋向于被晋升到其不称职的地位。这种现象在企业中同样存在：一名称职的技术人员被提升管理岗位后无法胜任；一个长期在一线工作的劳动模范被提升为管理人员后，结果在管理岗位上无所作为。按照正常的思维方式，一个被提拔的人必须在基层的一个或者多个岗位进行学习锻炼，并取得一定成绩后才能被提拔到更高的管理岗位。但是人们却忽视了一个重要的问题，那就是这个人是否具有胜任更高层级的工作才能，或者说某个工作岗位对有的人合适，对有的人就不一定合适。比如刚才谈到的一名优秀的技术人员被提升到管理岗位后无法胜任；同样一个优秀的管理人员调到技术工作岗位上，也可能出不了优秀的技术成果。因此，员工在制定职业规划时，一定要抛弃虚荣心，因人而异，坚持"用合适的人做合适的事"的原则，找准自己的职业定位，才能实现自身价值的最大化。

因此，实施员工职业化，可以为员工的职业发展与自我价值的实现找准定位。对个人而言，虽然我们每个人都期待着不停升职，但不要将往上爬作为自己的唯一动力。与其在一个无法完全胜任的岗位勉力支撑、无所适从，还不如找一个自己能游刃有余的岗位好好发挥自己的专长。职业化不是要做官，而是要成为所从事某项职业方面的专家。所以，用合适的人做合适的事情，是人力资源管理和科学管理的基本原则，也同样适合员工的职业化定位。

2. 职业化为员工提高职场的竞争力

在市场经济环境下，可以说"员工职业化，走遍天下都不怕"。市场经济条件下劳动力是一种特殊的商品，作为一个职业人，他们可以选择自己喜爱的职业和服务企业，同时他们也在接受市场的甄选和猎取。

市场经济条件下劳动力既然是一种特殊的商品，那么作为职业人来说同样具有商品的相关属性——职业品牌：知名度、美誉度。这种品牌不是别人赋予的，是由市场来认可，由客户公认的。同样，市场经济也遵循价值规律，职业人也具有其自身的价值。这种价值是由市场来决定的。

事实上，每个职业人在自己的工作中都在塑造自己的职业品牌。职业品牌就是从事职业人员的美誉度和知名度。职业品牌不是靠领导树立起来的，职业品牌就是口碑，口碑就是靠人们口口相传的，品牌是一种人们公认的结果。企业改制的过程中进行过人员的优化组合，采取的方法是全员竞争上岗，从企业高层管理人员开始往下实行层层组阁，一级聘任一级。在这个过程中有的员工许多部门抢着要，有的员工则到处找关系希望能够被组阁上岗，也有的员工哪个部门也不想要，最后就是下岗培训后重新再竞争上岗。作为哪个部门都不想选择要的员工，我想这种不被需要的感觉是很难受的。美国的巴顿将军有一次阅兵时问他的士兵："伙计，你能告诉我什么是幸福吗？"一位上士想了想回答："被爱。"巴顿摇摇头说这太幼稚；一位中尉想了想回答："被尊敬。"巴顿还是摇摇头说，这太有依赖性。最后，他自己揭开答案：被需要。可见，被需要不仅是一种幸福，更是一个人存在价值的体现。如果一个人在职场中不被需要，不能不说是一种悲哀。事实上人在不断提高自身职业价值的同时，也在提高自己被他人利用的一种能力，一个人如果可利用价值很高，说明你是一个优秀的人才。所以，员工通过职业化，就能不断提高自身的不可替代性或难以替代性，提高自身被别人利用的价值，做一个被社会和企业所需要的人。

苹果公司的老板在谈到苹果公司的职业化理念时说："苹果公司不能承诺给任何人提供一份终身工作，甚至连五年也不能。但是我们承诺，你在苹果公司工作期间，你将受到不断的挑战，你能不断学习和进步，这段职业生涯，使你在当地，甚至在全世界的人才市场有竞争力，有很高的市场价值。"

中国有句古话："授人以鱼，不如授人以渔。"授人以鱼，仅供三餐之需；授人以渔，够你终生之用。现代企业制度已经彻底打破了旧传统体制下的员工"铁饭碗"，员工只有不断学习，磨炼职业化能力，提高自己职业化素养，用职业化的标准来塑造自己，打造自己的职业品牌，才能提高自己在市场经济条件下的职场竞争力。

3. 职业化为员工职业发展拓展空间

现代企业制度的建立使企业可以拥有更多的用工自主权，为更多的优秀人才脱颖而出创造机会和条件，不拘一格招聘和选拔人才，使员工的职业生涯拓展更大的发展空间。

企业拥有用工的自主招聘权。企业可以根据自己的需要，通过多种方式和渠道在全国乃至世界各地进行招聘和吸纳最优秀的人才。

企业拥有用工的自主使用权。企业可以自主对内部员工进行任用或破格提拔，并赋予相应的权力，为员工打造一个施展才华的工作平台。

企业拥有自主定薪、奖励权。可以根据人才的贡献大小、能力高低，自主决定对优秀员工的定薪、奖励和股权激励。

"天高任鸟飞，海阔凭鱼跃。"企业是市场经济的主体参与者，也是社会技术创新的主体，是社会财富的主要创造者。因此企业是最有利于人才锻炼和成长、施展才华的舞台，凭借这个舞台，一切有志于创新和创业的职业化人士可以一显身手、大展宏图。

"沧海横流，方显英雄本色。"在市场经济的大潮中，我国改革开放的市场经济环境为职业化人才的成长、发展和脱颖而出创造了有利条件。我们将会看见，当今的时代是一个英雄辈出的时代，职业化的成功人士将会以自己的实力不断创造出前人从未有过的辉煌业绩。

综上所述，新的时期给员工更多的发展机遇和条件。不管是从传统经济条件下走过来的员工，还是新生代的员工都面临着如何进行职业定位的问题，历史和实践证明，正确的选择应该是走职业化之路！

第三节　职业化有利于提高企业的核心竞争力

一、员工职业化是现代企业发展的必然要求

1. 职业经理人的出现是现代企业发展的必然结果

职业经理人的产生起源于美国。1841 年 8 月 15 日，在美国马萨诸塞州

的铁路上发生了一起两列客车迎头相撞的事故。对此社会公众反响强烈，认为铁路企业的业主没有能力管理好这种现代企业，应该选择有管理才能的人来担任企业的管理者，在州议会的推动下，对企业的治理机构进行了改革，把企业的所有权和经营权分开，聘任并授权有能力的人员对企业的生产经营进行管理，于是世界上第一个职业经理人就这样诞生了。随着美国企业由近代公司制向现代企业制度的不断完善和发展，尤其是哈佛大学企业管理研究院的成立，到 20 世纪 60 年代末，80% 以上的企业都聘请了职业经理人，标志着美国职业经理人阶层的成熟。

在现代企业的治理结构中，公司董事会是决策层，经营管理层是由董事会任命并由职业经理人所组成的管理班子，经营管理层对董事会负责。职业经理人由企业在职业经理人市场（包括社会职业经理人市场和企业内部职业经理人市场）中聘任，而其自身以受薪、股票期权等为获得报酬的主要方式。职业经理人与企业所有者之间是一种契约关系。职业经理人被授权在一个所有权和经营权分离的企业中全面负责企业经营管理，对法人财产拥有绝对经营权和管理权；职业经理人最重要的使命就是经营管理企业，使其获得最大的经济效益，为企业提供经营管理服务并承担企业资产保值增值责任。就职业经理人来说，他们应具备良好的职业道德和职业素养，掌握企业经营管理知识以及所具备的经营管理企业的综合领导能力和丰富的实践经验。

职业经理人在中国还是一个新兴职业，并且伴随着改革开放的深化而不断完善和发展。1993 年 12 月 20 日，第八届全国人大常委会第五次会议通过了我国的第一部《公司法》，并于 1994 年 7 月 1 日起施行。《公司法》的颁布实施以及企业改革大环境的推动，为职业经理人的出现创造了必要条件。2004 年 8 月 1 日正式实施的我国第一个职业经理人国家标准 GB/T19481 - 2004《饭店业职业经理人职业资格条件》由中国商业联合会提出，中国饭店协会起草，国家质量技术监督检验检疫总局、国家标准管理委员会发布。尤其是 1999 年以来，我国进一步明确了发展社会主义市场经济的总体要求，提出了中国企业的发展方向是建立现代企业制度，为我国企业职业化人才建设带来了极好的发展机遇。

可以想象，如果没有具备高素质的职业经理群体，现代企业制度就不可能普遍建立，现代企业制度也难以形成，我国的市场经济也不可能得到像今天这样快速发展。所以，企业经理人的职业化，不仅为市场经济的发展增添了活力，为经理人发展开拓了新的职业发展空间，同时对职业经理人也提出了职业素质的要求。企业经理人属于企业员工的范畴，因此，企业经理的职业化也是员工职业化的重要组成部分。

2. 员工职业化是现代企业发展的必然要求

造就一大批高素质的职业化人才是企业发展进步的首要资源。管理大师彼得·德鲁克说过："组织的目的是使平凡的人做出不平凡的事。"他还说："组织不能依赖于天才。因为天才稀少如凤毛麟角。考察一个组织是否优秀，要看其是否能使平常人取得比他们看来所能取得的更好的绩效，能否使其成员的长处都发挥出来，并利用每个人的长处来帮助其他人取得绩效。组织的任务还在于使其成员的缺点相抵消。"企业是由员工构成的，但不是简单的相加，是一个协调统一的整体。企业的"企"字，上面是一个"人"，下面是一个"止"字。因此，企业如果没有一大批职业化的高素质人才，企业的生命也就停止了。这里需要强调和指出的是，企业存在的目的不是养人，而是为社会和企业创造财富，以满足人们日益增长的物质和文化的需要。所以，企业需要的是具有职业素养并能够为社会和企业创造财富的有用之人或者说高素质的职业化人才。

从世界工业革命的发展历程来看，社会生产力的发展经历了主要依靠土地到依靠资金，再到主要依靠知识的这样一个发展过程。因此，高素质的职业化员工已经成为企业发展的必然要求。

世界工业革命首先是发源于英国。英国的工业和商业发展是伴随着"圈地运动"开始的。尤其是到了十六七世纪，英国工场手工业得到发展，城市兴起，对农产品的需求大增，"圈地运动"进一步高涨，特别是 1688 年以后，英国政府制定大量的立法公开支持圈地，使"圈地运动"以合法的形式进行，促使了规模更大的"圈地运动"。18 世纪中后期，英国发生了工业革命，机器生产开始代替手工劳动，工厂代替手工工场及家庭作坊，使国家的产业结构发生了重大变化。农业和手工业在国民经济中的比重逐年下降，从事制造业、采矿业、运输业、商业和家庭服务业等众多行业的人口逐年提高。随着生产要素和人口的集中以及工业化的继续推进，19 世纪英国建立了一大批工业城市。"圈地运动"牺牲了农民的利益，积累了原始资本，为资本主义提供了廉价的雇佣劳动力和国内市场，为英国发展成为资本主义强国奠定了基础。

随着资本主义的不断发展，工业经济的发展又以资金为纽带，工业垄断资本与银行垄断资本日趋融合为金融资本，金融资本的进一步集中又形成金融寡头，在市场经济上呼风唤雨，推波助澜。但是从第三次工业革命发生以来，科学技术作为第一生产力正在发挥越来越重要的作用，在推动经济快速发展的过程中，知识的重要作用更加凸显。

德鲁克在 1969 年首先提出了"知识型员工"的概念，并在 1999 年出版的《21 世纪的管理挑战》一书中认为现代企业的员工面临着历史性的转型期。他认为现代企业应该从以优化资本为目的的管理，转化为重视以"资本 + 人本"为中心的管理。

21 世纪是一个充满变革和竞争的时代，是知识经济的时代。知识经济的特点主要是社会和企业对人才的需求层次更高，人才资源成为越来越宝贵的资源。今天中国经济正在向形态更高级、分工更复杂、结构更合理的阶段演化，劳动力市场由体力型向专业技能型转变，伴随产业结构优化升级提速，企业的生产特征渐趋柔性化、智能化、专业化，企业的发展将更多地依靠人力资本进行技术创新、机制创新和管理创新，创新势必成为驱动企业发展的新引擎。因此，构筑企业发展核心竞争力靠的是人，高素质的职业化员工成为现代企业生存与发展不可或缺的重要力量。

二、职业化员工是现代企业的核心竞争力

中国制造如何实现中国创造？如何从制造大国走向制造强国？靠的是企业的核心竞争力。企业的核心竞争力是企业长期的、持续的生存能力和盈利能力。由于构筑企业发展核心竞争力靠的是人，是高素质的职业化员工，因此员工的职业化能力提升必将进一步提升企业的核心竞争力。

宝洁公司的前任董事长说过一句很经典的话："如果你把我们的资金、厂房及品牌留下，把我们的人带走，我们的公司就会垮掉；相反，如果你拿走我们的资金、厂房及品牌，而留下我们的人，十年内我们将重建一切。"

微软总裁比尔·盖茨一次接受采访时被问到下列问题：如果让您离开您的办公大楼，您还能创办如此奇迹的公司吗？他回答说："当然可以。不过，得让我挑选出100名员工带走。"

华为公司创始人兼总裁任正非说："从企业的角度看，只有每个员工都不断提高自己的核心竞争力，都成为专家，企业才有可能具备核心竞争力。"

综观工业发展历史和世界上的制造强国，因为拥有高素质的人才队伍，使他们的企业乃至国家具有核心竞争力。

美国为什么能在第二次世界大战后得到迅速发展？主要是战后获取了一大批世界上最优秀的科技人才。从1985到2005年的20年间，52位诺贝尔物理学奖获奖人中有34位为美国人或在美国居住，占64%；47位化学奖获奖者中有28位为美国人或在美国从事研究工作，占59.6%；生物学或医学奖的46位获奖者中，有28位美国人，占46%；33位经济学奖获奖者中，有23.5位美国人（其中1位为以色列和美国双重国籍），占71.2%。而且进入21世纪以来的前六年中，除2005年的生物或医学奖为两名澳大利亚学者分享之外，其他历年的所有奖项中，都有美国人分享或独享。美国在如此长的

时间里，几乎是排他性地垄断了最具权威性和影响力的科学、经济学奖项，无可置疑与它的纳才国策有关，也正因为有如此多的人才，才使美国拥有了至今仍无人可以撼动的综合国力。

德国和日本的制造业为什么能在第二次世界大战后迅速崛起？其中一个重要的原因，就是其国家和企业都非常重视提升员工的职业化素质，形成了制造业的核心竞争能力。

松下电器是日本著名的跨国公司、世界500强企业之一。它的创始人松下幸之助，被人称为"经营之神"，他创造了50年后世界上许多大公司仍在沿用的经营理念：首先创造优秀员工，然后才有制造电器的公司。

海尔集团首席执行官张瑞敏说："企业核心的竞争力在该组织内的人，其他的竞争力都是人的竞争力的外化。"因此，海尔集团成功的奥秘之一在于善于打造一支职业化的员工队伍，他们的理念是"人人都是人才，赛马不相马"。

目前，由德国等工业强国发起的"工业4.0革命"正在席卷全球，为了跟上时代发展的必然趋势和潮流，"中国制造2025"也成为中国新发展的方向和目标。只有具备优异的制造能力，才具备基本的竞争能力。中国必须尽早、尽多地培养熟练的高素质产业工人，才能在工业人口基数减少的不利环境下守住核心竞争力。中国要实现从制造大国向制造强国进行转变，必须唤起"工匠精神"。中联重科董事长詹纯新说，与全球领先的制造装备制造企业相比，中国企业不缺技术，而是缺少一种"工匠精神"，如果不唤起"工匠精神"，中国就谈不上成为世界制造强国。"工匠精神"的缺失是中国制造业"大而不强"的重要原因。那么何为"工匠精神"？在詹纯新看来，良好的工匠是对每件产品都精雕细琢、精益求精，追求完美和极致；视技术为艺术，既尊重客观规律又敢于创新，拥抱变革，在擅长领域成为专业精神的代表。实际上中国的"工匠精神"就是员工的职业精神，中国的"工匠"就是我们需要的职业化员工。面对"中国制造2015"新的工业浪潮，时代在呼唤中国员工的职业化和职业化精神。

在谈到企业发展时，我们谈得最多的是战略、创新和执行力。对于任何一个企业来说，战略很重要，创新也很重要，执行力更重要，但是如果企业的管理者和员工缺乏职业化素养，那么企业的战略、创新和执行力都无从谈起。所以，只有培育并拥有一大批职业化的员工，企业在市场经济中才具有核心竞争力，才能不断走向成功。

第二章　员工职业化修养的必要性

在任何时代，最大的敌人都是我们自己。

人与其他动物的区别就在于，人有思想而且不断进化并演变为万物之灵。这个"灵"就是代表思想和精神，从而懂得羞耻之心、是非善恶观念，懂得劳动创造发明，并在改造客观世界的同时改造自己的主观世界，使人类从愚昧走向文明，从原始走向现代。

第一节　从人性的角度看修养的必要性

一、从中国传统文化看修养的必要性

中国传统文化对人性的看法主要有以孔孟为代表的"性善论"和以荀子为代表的"性恶论"两大派。究竟哪一家的主张是对的呢？从古到今，向来是仁者见仁，智者见智，直到今天，人们还在为此争论不休。

1. 两种不同的人性观：性善论与性恶论

"性善论"在历史上以孔子和孟子为代表。《三字经》中写道："人之初，性本善；性相近，习相远。"这句话的解释是：人生下来的时候都是好的，

只是由于生长过程中，后天的学习环境不一样，才有了好与坏的性情差别。孟子曰："侧隐之心，人皆有之；羞恶之心，人皆有之；恭敬之心，人皆有之；是非之心，人皆有之。侧隐之心，仁也；羞恶之心，义也；恭敬之心，礼也；是非之心，智也。"这句话的意思是：同情别人的心，人人都有；知道羞耻的心，人人都有；对别人恭敬的心，人人都有；明辨是非的心，人人都有。同情心属于仁，羞恶心属于义，恭敬心属于礼；是非心属于智。

"性恶论"在我国历史上以荀子为代表。荀子曰："人之性恶，其善者伪也。"这句话的意思是：人的本性是邪恶的，那些善良的行为是一种后天行为，是假装出来的。

2. "性善论"与"性恶论"的共同点

"性善论"与"性恶论"两派在性本善与性本恶的立论上大相径庭，一个唱红脸，一个唱白脸，但是他们在"仁"的主张上却是一致的，并且都强调后天的学习和实践过程。他们的理论都归结为，无论是性本善还是性本恶，后天的修养才是人品、人格形成的关键。

著名的历史学家冯友兰先生曾经说："荀子最著名的是他的性恶学说。这与孟子的性善学说直接相反。表面上看，似乎荀子低估了人，可是实际上恰好相反。荀子的哲学可以说是教养的哲学。"所以说，在不同的环境和教养下，人可以发展善的一面，也可以发展恶的一面。从大量的历史和现实的实例中我们可以看到，在好的体制和机制下，可以使坏人变成好人；反之，也可以使好人变成坏人。

二、从人性二重性看修养的必要性

人类进步的发展史，就是人类不断从愚昧走向开化，从野蛮走向文明的发展过程。根据达尔文的生物进化理论，人类是生物进化的产物。据此进一步研究人类是从某种动物进化而来的，现代人是类人猿进化的。恩格斯提出了劳动创造人类的科学理论，指出人类从动物状态中脱离出来的根本原因是劳动。同时恩格斯还说："人来源于动物界这一事实已经决定人永远不能完全摆脱兽性，所以问题永远只能在于摆脱得多些或少些，在于兽性或人性的程度上的差异。"

这一论述深刻说明了人性的二重性。同时也说明人性既有它固有的生物根源，但它同时又是可塑的。可塑的过程就是修养的过程。

所谓"食、色"实属动物的共性，也是作为人的必要条件，但不是充足条件。人之本性第一是生存，第二是延续后代。

我们也不应否认人性天生地极易使人趋向利己。利己人性作为人类潜在持久的动力曾推动着人类文明历史的发展，但利己人性又极易制造出丑恶。因此，社会治理应该扬善抑恶，扬善即应弘扬正能量，健全自己的机会机制，拓展更多的机会，去开发人性善的倾向，促进物质文明和精神文明建设；抑恶就是社会应完善自己的制约机制，约束人性恶的倾向，保证社会活不乱，运作有序。作为一个社会人来说则应重视自身的修养，同时用社会道德要求来约束自己。

同时人又具有善恶的两面性，人的行为受思想的支配可以是神性的精神升华，也可以是兽性的精神堕落。神性指的就是一种理性的态度，兽性指的就是一种非理性的态度，正如每个人都有过思想斗争，是头脑中理性与非理性的相互斗争，也就是善和恶的相互斗争。比如人们捡到一件贵重的东西，是主动还给失主，还是据为己有，这就是思想中善与恶的斗争。思想斗争的结果有两种情况：一是把东西还给失主，这是善起了主导作用，是善战胜了恶，是人性的胜利，是人到神的精神升华，这样会成就一位君子；二是据为己有，这是恶起了主导作用，是恶战胜了善，是兽性的胜利，是一种兽性的精神堕落，你就变成一位小人。

人与兽的最本质的区别就在于，人是有思维的高级动物。人的灵性就在于，他能够用思维指导行动。人的身体是人的思维和精神载体，人们的行为是大脑思维的具体反映。比如，人此刻的心情一定会反映到他的一举一动上；人的性格也一定会反映到他的言谈之中；人的喜怒哀乐一定会溢于言表。

人与兽的最本质的区别还在于，人是一种具有理性思维的高级动物。我们之所以称之为人，是因为做人必须遵守人们公认的道德伦理，并以这个道德伦理去处理问题和分析问题，我们称之为"人性"；如果逾越了做人的道德底线，我们称之为"兽性"。如果我们用"兽—人—神"来描述人性和兽性的区别，人的善恶之性就是兽性与神性的糅合。人性的修养和发展追求，就是一个不断地远离动物性，趋向神性（理性）的过程。

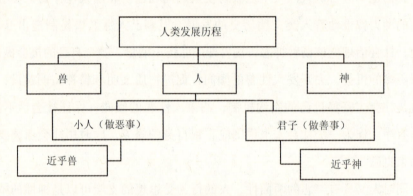

图2-1 人的善恶之性关系图

人们在处理各类事件过程中，一般有两种方式：一种是理性的方式，另一种是非理性的方式，也即动物本能的方式。选择理性方式处事的人，通过不断地修养和心灵的净化，使自己逐渐成为有一定素养的正人君子，在人们的眼中，由于其高尚的情操和高贵的品质被人们所敬仰，渐渐成为人们的偶像被奉为神灵；而选择非理性方式处事的人，往往会在头脑发热的情形下，不会考虑事情的后果，而做出错误的选择，形成了"魔鬼的冲动"，致使"一失足成千古恨"。他们的可耻行为被人们所唾弃，被喻为"小人"，遭到人们诅咒，视他们为"近似兽"。

【案例 2 – 1】

失去理智的举动酿成的悲剧

2010 年 10 月 20 日深夜，西安音乐学院 21 岁学生药家鑫驾车撞伤 26 岁女工张妙。看到张妙在记自己的车牌时，药家鑫用随身携带的水果刀连捅八刀致其死亡。在随后的逃逸过程中，他又撞伤其他行人。三天后，药家鑫在母亲的陪同下投案。

【案例 2 – 2】

一句玩笑话惹来杀身之祸

2004 年 2 月在云南大学的学生公寓，来自广西农村的大学生马加爵用一把石工锤把与自己同窗四年的四个学友残忍地杀害，用塑料袋捆好并藏匿在宿舍的衣柜里，然后畏罪潜逃。

犯罪的原因说起来就这么简单：案发前几天，马加爵和邵瑞杰等几个同学打牌时，因邵瑞杰怀疑马加爵出牌作弊，两人发生争执。曾被马加爵认为与其关系较好的邵瑞杰说"没想到连打牌你都玩假，你为人太差了，难怪龚博过生日都不请你……"马加爵认为他的这番话伤害了自己的自尊心，于是记恨在心，转而动了杀机，最后向他的这位好朋友和其他几位同学下了毒手。

案例启示：以上两个案例说明，这些犯罪的学生虽然都还是没有走向社会的年轻人，但是却走向了一条自我毁灭的不归路。说明在人生的道路上，失去理性的冲动是魔鬼。如果一个人不能把握自己，从天堂到地狱就是一步之遥，从人性到兽性就是一念之差。

辩证唯物主义认为，存在决定意识，同时思想意识对行为也有巨大的反作用。所以作为一个理性人，应该加强自身的思想意识修养，以提高我们驾驭处理各种问题的能力。各种纷纭复杂的社会现象，要求人们在处理各类事件中应该选择理智，反对盲动；以理性的方式做出正确的判断，以合适的方式进行明智的处理。

三、从《西游记》看修养的必要性

中国的古典小说《西游记》是一部传奇的神话故事，它既是一部非常系统的成功学全书，也是一部对人性特点刻画和描述的百科全书。它告诉我们，人们成功的过程，就是不断克服人性弱点、修心养性的过程。

成功学在《西游记》有一个形象化的演示，成功学所提倡的几大要素在唐僧身上得到了集中体现。

唐僧西天取经成功的启示：唐僧率领他的徒弟们克服千难险阻到达西天取经，在取得真经的那一刻，他们都修成了正果，改变了自己的命运。他们的成功关键在于两点：一靠有一个共同的目标，那就是取回真经；二靠团队的力量。唐僧在降魔除妖方面的个人能力有限，但是他作为团队的管理者，是团队凝聚力和号召力的核心，也是团队目标的始终贯彻者。在关键时刻和关键问题上，他不但善于借用观音菩萨和如来佛等各路神仙的力量，同时善于充分发挥各位徒弟的优势，克服他们的性格弱点，把握他们的"心、意、性、情"。

·正"心"——孙悟空

孙悟空又名孙行者，外号美猴王。孙悟空的心一是天不怕，地不怕，大闹天宫；二是好名声，号称齐天大圣，被如来佛祖压制于五行山下无法行动。五百年后唐僧西天取经路过五行山，揭去符咒才救下孙悟空。孙悟空感激涕零，经观世音菩萨点拨，拜唐僧为师，同往西天取经。唐僧要想成功，就必须把握好孙悟空这颗心。因此唐僧用观世音菩萨送的一个紧箍咒把孙悟空控制住，以此来控制引导孙悟空的思想，用理性来操纵和引导他的非理性因素，强迫他接受文明的管理教化，借以断除他身上的原始野性。当他们历尽千辛万苦到达西天以后，唐僧问孙悟空有什么要求，孙悟空说我只要把头上的紧箍咒取掉。唐僧告诉他："当时只为你难管，故以此法制之。今已成佛，自然去矣。岂有还在你头上之理！你试摸摸看。"孙悟空一摸头上，果然紧箍咒没有了。说明孙悟空成佛后就已经修炼到家，也不需要紧箍咒了。"紧箍咒"这一意象，揭示了规范和管理在"人"成功过程中的巨大作用。通过对孙悟空形象的描写告诉人们一个道理：在人类文明发展史上，人们必须遵守规范和管理的约束，即"紧箍"，才能养成好的习惯。

·诚"意"——白龙马

白龙马本是西海龙王三太子，因纵火烧毁玉帝赏赐的明珠而触犯天条，后因南海观世音菩萨出面才免于死罪，被贬到蛇盘山等待唐僧取经，之后又误吃唐僧所骑的白马，被菩萨点化后变身为白龙马，载乘唐僧上西天取经，最终修成正果，被升为八部天龙广力菩萨。白龙马以前是一条龙，龙可大可小，变化无穷，变幻莫测，随意性大，象征着一个人的思想和意向。白龙马的故事告诉人们这样一个道理，要想成功，必须驾驭住你的"心猿意马"。哪怕你的意念以前是一匹马，你也必须给它戴上配鞍，把它骑在胯下，这样你才能成功。

·戒"性"——猪八戒

猪八戒原是玉皇大帝的天蓬元帅，因调戏月府仙女被逐出天界，却又错投猪胎。唐僧和孙悟空西天取经路过高老庄，猪八戒慕名前去拜见。从此成为唐僧的弟子，与孙悟空一同保护唐僧去西天取经，最后被封为净坛使者。《西游记》中对猪八戒表现的人性弱点和本能进行了充分的揭示，猪八戒的最大缺点是"好吃"和"好色"，这是人的动物本性的再现，他最大的优点是心宽、忠诚和老实。通过猪八戒这个人物形象也告诉人们，人要取得成功，必须克服人性的弱点。你要是真的把它克服了，其实就在向神的境界进发。

·和"情"——沙僧

沙僧原为天宫玉帝的卷帘大将，因打碎琉璃盏被贬下界，于流沙河为妖，伤人无数，唐僧、八戒、悟空一行人路过，被南海观世音菩萨点化拜唐僧为师，随后上了西天取经路，到了西天取经后被封为金身罗汉。沙僧默默无闻，任劳任怨，工作中从不挑肥拣瘦，一副担子从头挑到尾。在沙僧身上"喜怒哀乐之未发"，其实也是唐僧的影子，这从成功学的角度告诉人们这样一个道理，哪怕你是一介凡夫，平凡如沙僧，但只要你加入一个优秀的团队，并融入到这个团队之中，你也一定能够取得成功。

《西游记》对人性进行了深刻的刻画，对书中人物的典型性格特点描写得淋漓尽致。孙悟空、白龙马、猪八戒和沙和尚都曾经有过各种不端行为或劣行，后来他们被如来佛和观世音菩萨点化后都跟随唐僧前往西天取经，这些性格各异并有着许多不同特点的人聚合在一起前往西天取经并取得成功，给我们的启示是：人们在事业上要取得成功，必须克服人性的自身弱点，以理性的态度对待工作。一个人成功的过程必须经过痛苦的心路历程，也是对人性进行修炼的过程。在这个过程中，人们必须调整心态，把握自我，加强思想修养。当你在事业上取得一定成绩的时候，你的思想境界也得到了新的升华。

四、从人性角度思考员工职业化修养

1. 要善于从人性的二重性去分析问题和解决问题

撇开性善论或性恶论的不同见解和争论，我们应该肯定这样一个客观事实：人是有私心、有惰性和七情六欲的。人们有对自身利益的追求，"爱美之心人皆有之"等都是人的自然属性的正常表现。必须认清和尊重这个客观事实，我们不能对此视而不见，而是要以一种积极的心态去面对，研究如何针对人性的自然属性去克服和防范问题的发生。

因此，当我们发现问题的时候，首先要从人性的自然属性去分析问题。同时，我们又必须从人性的二重性去解决问题，做好人的转化工作。

人是可以转化的，有三个方面的含义：第一，人可以转化是因为人具有可塑性特点；第二，在一定的条件下，好人可以变成坏人，坏人也可能变成好人；第三，人的变化是一个渐进的过程，即由量变到质变的过程。

人是万物之灵，塑造一个人的健全思想意识与练就一个人的健身强体一样重要，但是思想意识的修炼难度更大、更艰苦。因此，我们既要看到人性的弱点，又要克服人性的弱点；既要防范问题的发生，又做好人的思想转化工作。为此，我们需要采取以下措施：

一是要注意从制度上进行规范。规章制度是对人性的约束和规范，能使人们有章可循，有法可依。

二是要加强对个人意识的修养。人要成为一名理性人，就必须注意克制自己的欲望和惰性，并通过思想修养来达到。

三是要重视对人们的思想教育。要探索做好人们思想转化工作的途径和方法，加强对人们思想转化工作的领导。

四是要采取扬善抑恶的有力措施。只有恩威并重，多管齐下，才能树立正气，防范和杜绝各种丑恶现象的发生。

2. 什么叫做人？人是做出来的

人是怎么做出来的？人是修养出来的。但是人们经常感叹，世界上做人难。如何做人不是一件容易的事情，做人难，做一个职业人更难，打造一个人的职业品牌更是难上难。

·做人难

做人难在哪里？做人难在要敢于挑战自我，要敢于克服自身人性的弱点。做人最大的敌人其实就是自己，做人就是挑战自我并战胜自我的过程。

面对生活和工作的压力，你可能会抱怨活得太苦。双重压力，劳其筋骨；压力山大，难以负重。人生的道路充满艰辛，人类就是在与大自然的各种恶劣环境中成长起来的；人类社会就是在大风大浪中不断前进和发展的。在困难和压力面前，人们要选择坚强，要敢于克服前进道路上的各种艰难困苦，才有可能到达胜利的彼岸。因此，从人性的角度看，做人就是要敢于与自己的惰性做斗争。

面对纷纭复杂的社会环境，你可能会抱怨活得太累。人在世界上感到什么最累？是心最累。生活在百态社会中，人与人之间的交往，既有真诚的友谊和感情，也需要处处防范小人和陷阱。做人要有一个良好的心态，真诚待人，同时要理性地面对生活与工作。因此，从人性的角度我们可以发现，做人的过程就是不断修炼的过程，就是理性分析自己，不断走向理性的过程。

面对物欲横流的世界，你可能会感到活得太难。大千世界，五彩缤纷，灯红酒绿，多姿多彩。在这个世界上，做人就要做到不为钱色所动，能够挡得住诱惑，经得起考验。即使在无人监督的情况下，也能做到独善其身。因此，从人性的角度看问题，做人就是要不断克服人性的弱点，把握自我，战胜自我，坚守做人的道德准则。

· 做职业人更难

做职业人更难是因为职业人就是一种责任的担当，必须承担更多的社会和工作责任。这就意味着职业人必须有忍辱负重和顽强拼搏的精神，才能保证圆满地完成各项任务；这就意味着职业人必须要有如履薄冰和战战兢兢的危机意识，才能保证工作中不出现大的失误；这就意味着职业人必须有锐意进取和勇于创新的勇气，才能保证我们的工作跟上时代前进的步伐。总之，这就意味着职业人比常人要承担更多和更大的工作压力，需要更多的付出和做出更大的牺牲。所以有人说，什么是企业家？企业家就是没有家的人。这句话，就是职业人工作和生活压力的生动写照。

职业人要能够承担起应有的责任必须拥有更高的职业化素养。所以，职业人应该加强职业道德、职业心态、职业意识和职业习惯的修养，在工作中才能有更理性的工作态度、更专业的职业水准、更顽强的创新拼搏精神，才有可能取得既定的目标和成果。所以孟子说，凡是在历史上担当"大任"并发挥过重要作用的人物，都要经过一个艰苦的成长过程，这就是"必先苦其心志，劳其筋骨，饿其体肤，空乏其身，行拂乱其所为，所以动心忍性，增

益其所不能"。因此，要想在事业上有所成就并对社会有较大贡献，就要吃
大苦，耐大劳，甚至要挑战人的心理和生理极限。

第二节　从职业化角度看修养的必要性

一、员工为什么需要职业化修养

什么是职业化修养？简单来说，职业化修养就是按职业化的要求来塑造
自己。那么，员工为什么需要职业化修养呢？

1973 年美国哈佛大学教授、著名心理学家麦克利兰提出了人的素质冰山
模型。所谓"冰山模型"，就是将人员个体素质的不同表现划分为表面的
"冰山以上部分"和深藏的"冰山以下部分"。"素质体系的冰山模型"将人
的素质划分为六个层面，如图 2 - 2 所示。

图 2 - 2　素质体系的冰山模型

表 2 - 1　素质体系冰山模型分析表

素质层级	定　义	内　容
技能	指一个人能完成某项工作或任务所具备的能力	如表达能力、组织能力、决策能力、学习能力等
知识	指一个人对某特定领域的了解	如管理知识、财务知识、文学知识等
角色定位	指一个人对职业的预期,即一个人想要做些什么事情	如管理者、专家、教师
价值观	指一个人对事物是非、重要性、必要性等的价值取向	如合作精神、献身精神
自我认知	指一个人对自己的认识和看法	如自信心、乐观精神
品质	指一个人持续而稳定的行为特性	如正直、诚实、责任心
动机	指一个人内在的自然而持续的想法和偏好,驱动、引导和决定个人行动	如成就需求、人际交往需求

　　其中知识和技能大部分与工作所要求的直接资质相关,我们能够在比较短的时间使用一定的手段进行测量。可以通过考察资质证书、考试、面谈、简历等具体形式来测量,也可以通过培训、锻炼等办法来提高这些素质。

　　而角色定位、价值观、自我认同、品质和动机往往很难度量和准确表述,它们是个人驱动力的主要部分,是人格的中心能力,是个体最深层次的胜任特征,也最不容易改变和发展的。

　　据此,我们也可以画出"职业化素质的冰山模型",如图 2 - 3 所示。

图 2 - 3　职业化素质的冰山模型

表 2 - 2　职业化素质冰山模型分析表

素质层级	定义	内容
技能	通过实际操作掌握的从事某职业必须具备的专业操作技能	某专业工种的专业操作技能如：钳工、车工等
知识	通过传授和学习掌握的从事某职业应有的专业理论知识	某专业工种的理论专业知识如：机械原理、电工基础等
职业道德	与职业活动紧密联系的符合职业特点所要求的道德准则、道德情操与道德品质的总和	理想信念、职业责任等
职业心态	职业活动中面对诸多问题的心理反应及所持的观点和态度	包容心态、感恩心态、自信心态、抗压心态、不浮躁心态
职业意识	对职业活动的认识、评价、情感和态度等心理成分的综合反映	市场思维、法治思维、问题思维、系统思维、团队思维
职业习惯	在本职工作岗位逐步养成的、一时不容易改变的行为倾向	认真工作、用心做事、文明礼貌、善于沟通、善于学习的习惯

职业化素质的冰山模型告诉我们：显性素质部分和隐性素质部分的总和就构成了一个员工所具备的全部职业化素质要求。

"冰山以上部分"包括知识和技能，是显性职业素质，这些可以通过各种学历证书、职业技能证书来证明，或者通过专业考试来验证，是容易了解与测量的部分，相对而言也比较容易通过培训来改变和发展。

"冰山以下部分"包括职业道德、职业心态、职业意识、职业习惯，是人内在的、难以测量和验证的部分，是隐性职业素质，对人的行为与表现起着关键性的作用，是对职业胜任力真正起作用的部分，相对而言比较难以通过培训来改变和发展。

因此，职业化修养就是解决冰山以下的隐性素质问题。隐性素质既然有大部分潜伏在水底，就如同冰山有 7/8 存在于水底一样，正是 7/8 的隐性素质部分支撑了一个员工 1/8 的显性素质部分。如果不加以激发，它只能潜意识地起作用，而不能对人力资源进行充分和有效的开发，人的潜能不能得到有效的挖掘和充分利用，人的积极性和主观能动性也不可能得到充分的调动，这些方面是人力资源管理和各级管理人员必须高度重视关注的核心内容。如果使员工的隐性职业素质得到重视，那将进一步提高员工的职业化能力，对提升员工的整个职业素质、工作绩效和个人竞争能力是十分有益的。因此，要想通过培育员工优秀的职业化素质，同时打造一个优秀的企业，提升企业在市场中的竞争能力，就要重视"冰山以下部分"这些隐性方面的内容。也就是说，要从职业道德、职业心态、职业意识和职业习惯等方面加强员工的职业化修养。

二、职业化修养提升员工的职业素养

1. 职业化修养有利于培养员工为人处世的能力

为人处世有学问，自古以来人们对此颇有研究。中国是世界上最早使用铸币的国家。古代铜钱"内方外圆"所蕴含的处世风格寓意深刻，耐人寻味，充分反映了古人的智慧。铸币铜钱把为人处世的内涵铸入其中，内方表示规则，就是做人要遵守规矩，要有正气，要敢于坚持原则；外圆表示处事圆通有技巧、讲方法。可见小铜钱内方外圆的寓意体现的是为人处世要坚持原则性和灵活性的统一，既要坚持原则，也要讲究方法。"方"是做人之本，"圆"是处世之道；"方"是做人的脊梁，"圆"是处世的锦囊。做人处世就在方圆之间。方外有圆，圆中有方，才能以不变应万变。只有把方和圆巧妙地结合起来，达到方圆有致的圆通境界，才能有助于事业发展。

为人处世是社会人的一种基本能力。在现实工作中，我们可以看到不同的为人处世现象：第一种：内方外方（没有方法）；第二种：外方内圆（对别人马列主义，对自己自由主义）；第三种：外圆内圆（滑头）；第四种：外圆内方（对内有原则，对外有方法）。可以想象，不同的为人和处世，会得到不同的效果，也会产生不同的结果。

　　为人和处世能力是职业化员工的必修课。职业化要求员工在合适的时间、合适的地点、用合适的方法，说合适的话、做合适的事情。因此为人处世不仅反映的是一个人的工作方法或工作能力问题，更重要的是反映了不同人员的职业修养程度。人类在改造客观世界的同时，也在不断地改造着自己的主观世界，改造着人们彼此间的关系。人的本身，人们的社会关系、社会组织形式以及人们的思想意识等，也在人们和自然界的长期斗争中不断进行改造并得到提升。在日常工作中，我们每天都要与人接触，每天都要处理各种日常的或各种突如其来的复杂事情，面对纷繁复杂的问题，是惊慌失措、六神无主？还是搁置一边、听之任之？抑或是沉着应对，理性处理？一个人的为人处世能力不仅与先天心理方面的因素有关，还与后天得来的社会知识和经验以及圆融迂回的处世技巧有密切关系。因此，作为一个职业化的员工，必须加强职业化修养，注重提高自己的为人和处世能力，才能在职场上得心应手、游刃有余。

2. 职业化修养有利于培养员工良好的职业性格

　　有位法国的作家说过，从我们在这个世界出生的那一刻开始，每个人都在编织一件看不见的外衣。这件外衣每时每刻都紧随着我们，不管你在吃饭、走路还是睡觉。虽然我们看不见它，却可以从一个人说话、做事的方式中感受到它的存在，这件神奇的外衣就是我们的性格。

　　从心理学的角度讲，性格是人在对现实现象的态度以及对此做出的相应的行为表现方式的综合体现。它是社会属性最重要的表现方式，也是心理活动的重要因素的体现。性格是受环境等诸多因素潜移默化影响而逐步形成的，如人生经历、成长环境、家庭背景、现实的刺激等所影响。性格在我们的生活和工作中无处不在，从任何一个角度都可以看到它折射出的光彩。

　　人的性格有两种：一种是自然性格，另一种是职业性格。人的自然性格是一种本能的无所拘束的性情表露；而职业性格是一种理性的并有所约束的性格特征。职业人不能用自己的个人自然心态对待工作。面对大量根本不愿意做的事情，职业化的一个重要表现就是职业人必须快乐地做不愿意做的事情。所以，职业化意味着牺牲，牺牲自己的个性甚至爱好，才能与所在的团队达成一致，才能面对承担的责任，保持敏锐的思维并且冷静地做出判断；才能学会在工作中如何谈判与妥协，如果感情用事就可能做出错误的决定。因此职业性格之所以可塑，是人的理性在起主导作用。

有人说，性格决定命运，性格铸就人生。在人的职业生涯中，命运总是给予每个人不同的馈赠，它的选择标准就是每个人不同的性格。当你面对艰难险阻畏首畏尾、驻足不前时，成功和机遇就会与你擦肩而过；当你勇于开拓奋力进取时，命运就会将成功送到你的面前。是什么样的力量让人们成为自己命运的掌舵者？答案就在我们的性格之中。

因此，在你的职业生涯中，应摒弃人的自然性格弱点，形成自己特有的职业性格，去影响人、教育人、感化人，并取得事业的成功，从而铸造辉煌的人生。应该让自己成为自身命运的掌舵者，不仅要学会顺时顺势而为，更要学会如何在逆境中奋力拼搏。在市场经济的大风大浪中，你是否能够驾驭着航船乘风破浪，顺利到达胜利的彼岸，关键在于你的性格。

有位记者采访晚年的投资银行一代宗师摩根，问道："决定你成功的条件是什么？"老摩根毫不掩饰地说："性格。"记者又问："资本与资金何者更为重要？"老摩根一语中的，答道："资本比资金重要，但更重要的是性格。"确实，翻开摩根的奋斗史，无论他成功地在欧洲发行美国公债，慧眼识珠，听取无名小卒的建议大搞钢铁托拉斯计划，还是力排众议甚至冒着生命危险推行全国铁路联合，都是由于他倔强和敢于创新的性格。如果缺少这一条，恐怕有再多的资本也无法开创投资银行这一伟大的事业。在资本市场，成功的例子鲜见，失败的例子却比比皆是，而失败者大都输在性格上。

1998 年华盛顿大学请来世界巨富沃伦·巴菲特和比尔·盖茨演讲，当学生们问到"你们怎么变得比上帝还要富有"这一有趣的问题时，巴菲特说：

"这个问题非常简单，原因不在于智商，为什么聪明人会做一些阻碍自己发挥全部功效的事情呢？原因在于性格、习惯和脾气。"比尔·盖茨表示赞同地说："我认为沃伦的话完全正确。"按他们的说法，性格中还包含脾气和习惯。好脾气需要从小就养成，好习惯也需要长期训练。所以，许多成功的公司在招聘雇员的时候，首先注重的是人品和德性。有性格缺陷的人，在实践中会遇到种种障碍，如缺乏自信而导致沉不住气，或者过于自信而走向偏执；如不善于总结教训，总是犯同一错误，或者轻易否定自己，找不到自己的坐标等。这也证明，与其说是学识决定成败，还不如说是性格决定胜负。

人的自然性格是难以改变的，而人的职业性格是可塑的。人的自然性格会影响到职业性格的形成，但职业性格更主要是通过后天培养形成的，即通过职业化的修养。我们播种一种行为，会收获一个习惯；而播种一个习惯，会收获一种性格；而当你学会播种一种性格，就会获得与之相对应的人生。

3. 职业化修养有利于培养员工的良好气质

气质在人际交往中往往有一种无形的力量。在职场中，气质是最能征服人的，人们常常为某些人的气质所折服和感叹，为我们在职场上赢得先机。那么，什么是气质呢？气质是人的内心世界和内在素养的外在表现。崇高的理想、坚定的信念是人生的动力和目标，也是内心丰富的一个重要方面，因为理想信念是人生的动力和目标，没有理想信念的追求，内心空虚贫乏，是谈不上气质美的；品德是气质美的另一重要方面；为人诚恳，心地善良是不可缺少的。在现实生活中，有相当数量的人只注意穿着打扮，并不怎么注意自己的气质是否给人以美感。诚然，美丽的容貌，时髦的服饰，精心的打扮，都能给人以美感。但是这种外表的美总是肤浅而短暂的，如同天上的流云，转瞬即逝。而你会发现，气质给人的美感是不受年纪、服饰和打扮局限的。

气质看似无形，实则有形。一个人的气质体现在举手投足之间，待人接物有风度，即使朋友初交，互相打量，也会产生好的印象。这种好感除了来自言谈之外，就是来自行为举止了。彬彬有礼、温良恭俭让，能表现出优雅和令人肃然起敬的高雅气质。所以气质是一种无形的力量。

气质还表现在人的职业性格上。胸襟开阔，性格开朗，透露出大气凛然的风度，更易表现出内心的情感；热情而不轻浮，大方而不傲慢，就表露出一种高雅的气质。而狂热浮躁或自命不凡，则是气质低劣的表现。

气质来自修养。良好的气质是长期进行修养并持之以恒的结果，是内秀的外在反映，值得每一个人去潜心研究和学习。因此，员工要注重自己的职业道德、职业心态、职业意识和职业习惯的修养，学会处理各种问题，提升自己的人格魅力。要经得起风风雨雨的考验，遇事不急不躁，才能稳中求胜，妥善处理问题，从而游刃有余。

三、关于职业化修养的几个认识误区

·误区一：职业化修养就是统一着装

统一着装是职业化的一种外在表现形式，而不是它的全部，更不能认为某个单位或部门实行了统一着装，就已经完全实施了职业化。我们不否认员工在企业工作期间统一着装的积极意义，尤其是对提高员工的职业化意识和加强员工的职业化修养有较大的促进作用，但是员工职业化修养的实质和内涵更多的是员工只有加强对于职业道德、职业心态、职业意识、职业习惯的修养以及职业技能的提高，才能进一步提高职业化素养，如果认为员工实行了统一着装就是实施了职业化或达到了职业化素质的要求，那是十分简单和幼稚的想法，更没有真正认识员工职业化的内涵和实质。

但是通过着装又能反映员工的职业化修养的水准。有的企业对员工实施了统一着装并作出了相关的规定，但是我们发现有的员工并没有按照相关的规定去做，比如有的员工不能正确穿戴工作衣帽，有的衣冠不整，有的长期不能保证工作衣帽的整洁，有的衣服破了、扣子掉了也不及时缝补等。这些细节问题都是员工职业化修养不足的反映。

·误区二：学历高就是职业化素养高

有一天笔者带领生产现场管理检查组的人员到某个车间的电气控制柜装配班组进行现场检查，该班组负责人告诉我说，我们这个班组的员工都是大专以上学历，素质都是很高的，产品质量绝对信得过。但是在该班组的生产现场，检查组发现的一幕却使人大跌眼镜。

正在生产的开关柜无序摆放，有两个开关柜屏体上面还摆放了喝水的水杯和瓶装饮料；装配现场，各种规格的螺丝钉、电线散落在地下、桌面和开关柜的上面和内部；装配现场的地面发现烟头若干；插座上违规搭接了电烙铁，存在安全隐患……

生产现场管理是企业最基本的管理，生产管理的现状不仅反映这个单位或部门的管理水平，也反映管理者和员工的职业素养。可以想象，假如一个单位或部门连生产现场都不能管理好，怎么可能生产出符合质量要求、让客户满意的产品？由此怎么能够说明所在部门的管理人员认真负责？这样的管理人员怎么能带领和培养出高素养的员工？

因此，文凭仅代表一个人学习知识的经历，并不能衡量员工职业技能和知识水平的全部，更不代表员工的职业素养水平的高低。同时，文凭还具有保鲜期，如果不能与时俱进、不断学习和进行知识更新，就跟不上时代前进的步伐，也将被时代所淘汰。

所以，员工职业化要求的是一种综合素养，学历文凭高并不代表职业化素质也越高。

·误区三：企业管理人员需要职业化和职业化修养，员工则无所谓

企业是一个整体，就像在一条大船上，企业管理人员和其他员工虽然分工不同，但是每个生产环节和工作流程控制都是不可或缺的，对于质量管理控制都是至关重要的。只有全船人员同舟共济，各司其职，万众一心，大船才能扬帆起航，乘风破浪，才能顺利到达彼岸。同样的道理，如果企业光有管理人员的积极性，而没有全体员工的共同努力，企业生产链条就有可能脱

节，或者说企业光有管理人员职业化而没有员工职业化是不可能实现企业的终极目标的。

正如一个人的职位高并不代表他的职业道德水准高一样，职业化及其修养，绝不仅仅是企业管理人员的专利，而是全体员工的必须！职业化修养，对于企业管理人员来说是必需的，对于每一个员工来说也是完全必要的。企业管理人员与员工所承担的职责都必须有高素质的要求，而达到高素质的要求必须通过职业化修养来实现。

第三章 员工职业化修养基本要求

员工职业化修养的基本要求是:

以正向积极的人生态度,实现个人的人生价值;

以诚信正直的职业道德,承担自我的职业责任。

第一节 职业道德修养

职业道德修养的要求是:对职业忠诚,对工作负责。

一、职业道德的核心内容

1. 理想信念是职业道德之魂

理想信念是人们价值观、人生观的集中体现,制约人的价值取向和行为选择,对于员工职业道德的培育、国家和民族的振兴和富强、企业的发展壮大,具有方向指引和动力支撑的重要作用。

但是有人认为理想信念是一种看不见、摸不着的东西,是虚无缥缈的。实际则不然。理想信念就根植在我们每一个员工的职业道德之中,它需要面对和必须回答的问题是:我应该做一个什么样的人?我应该如何去做人?

理想信念是支撑一个人精神世界的力量之源。理想信念给人们指明奋斗的目标和方向；理想信念既立足于现实，也是对现实的超越。员工的理想信念与国家、民族的发展和兴衰紧密相联。工人阶级的先进代表、大庆油田钻井队原 2105 钻井队队长、被称为铁人的王进喜看见城市公共汽车上因为缺油而顶着的煤气包刺痛了他的心。作为一名石油工人，国家必须富强和民族必须振兴的强烈愿望激发了王进喜"我为祖国献石油"的坚定理想信念。为了打破敌对势力对我国的石油封锁，他说"这困难那困难，国家缺油是最大的困难；这矛盾那矛盾，国家缺油是最大的矛盾"；一定要"把中国'贫油落后'的帽子甩到太平洋里去"！理想和信念的力量是无穷的。"宁肯少活 20 年，拼命也要拿下大油田！""有条件要上，没有条件创造条件也要上！"为了摘掉"贫油国"的帽子，及时打出油井生产祖国急需的石油，王进喜组织工人们到附近的水泡子破冰取水，用脸盆端、水桶挑，靠人力端水等方法，保证了石油钻机按时开钻。有一次寒冬腊月时节，油井突然发生井喷，为了压住井喷，他毫不犹豫地跳进水泥浆中充当搅拌机……凭着这样坚定的理想信念，大庆油田自 1959 年发现，于 1960 年开发建设，并取得了令世人瞩目的巨大成就，建成了全国最大的石油生产基地，产油量占全国同期陆上原油总产量的 40% 以上，持续 27 年高产稳产，创造了世界同类油田开发史上的奇迹，成为我国工业战线的一面红旗。

毛泽东说过："人是需要有一点精神的。"社会在前进，时代在发展，人们更需要坚定自己的理想信念。在员工利益群体多样化、价值观念多元化的今天，工人阶级的典型代表、大庆油田王进喜的铁人精神非但没有过时，而且显得更为重要，在我们为实现中国梦的奋斗征途中，铁人精神是中华民族精神的重要组成部分，成为激励广大员工为中华民族伟大复兴而奋斗的强大精神力量，在这种精神的鼓舞下涌现出一大批新时代中国工人阶级的先进代表。

全国劳动模范、中国商飞大飞机制造首席钳工胡双钱，他在 35 年里加工过数十万个飞机零件，令人称道的是，在这里面没有出现过一个次品。他说："参与研制中国的大飞机，是我最大的荣耀。看到我们国家的飞机早日安全地翱翔在蓝天，是我最大的愿望。"

全国劳动模范、中国运载火箭焊接特级技师高凤林，是给火箭发动机焊接的第一人。高凤林用 35 年的坚守，诠释了一个航天匠人对理想信念的执着追求。高凤林说，发射成功后的自豪和满足引领他一路前行，成就了他对人生价值的追求，也见证了中国走向航天强国的辉煌历程。曾有人开出"高薪加两套北京住房"的诱人条件给高凤林，高凤林却说，"我们的成果打入太空，这样的民族认可的满足感用金钱买不到"。正是这份自豪感，让高凤林一直以来都坚守在这里。35 年，130 多枚长征系列运载火箭在他焊接的发动机的助推下，成功飞向太空。这个数字，占我国发射长征系列火箭总数的一半以上。

"问渠那得清如许，为有源头活水来。"人们的心灵深处一旦有了源源流淌的"活水"，便有了一种自强不息的源泉。这个源泉就是坚定的理想信念。铁人精神和新时代劳动模范的理想信念是社会主义核心价值观的重要体现，是激励我们职业人生奋发图强的强大动力。

员工的理想信念既是员工与企业达成的心灵默契，也支配着员工的动机和行动。虽然员工所处的岗位不同，但是理想信念的力量使他们立足本职，忘我奉献，辛勤劳动，就可以在平凡的岗位做出不平凡的事业；他们像一颗永不生锈的螺丝钉，连接和承载着历史的车轮滚滚先前；他们像耀眼的电火花，以其璀璨的光和热辉映出职业的人生！员工的职业人生应该奉行什么样的价值观和人生观，树立怎样的理想信念，一个企业应该建立一个什么样的精神家园，泰豪集团有限公司在《我的信条》中做出了这样的回答：

我的信条

——泰豪人

我不会选择去做一个平庸的人，

我有权成为一个不寻常的人。

我寻找机会，但不寻找刺激；

我不希望在社会的照顾下碌碌无为，

那将被人轻视而使我感到痛苦不堪。

要做有意义的冒险，

我要梦想，我要创造，我要失败，我也要成功。

我宁愿向生活挑战，

而不愿过有保障的虚度年华的生活；

宁愿要达到目的时的激动，

而不愿要乌托邦式的毫无生气的平静。

我寻求公平的竞争，以求对社会环境有所贡献；

我轻视能劳而不劳以及不劳而获。

我不会用我的自由去与袒护做交易，

也不会用我的尊严去与施舍做买卖；

我绝不会在任何一位大师的面前发抖，

也不会为任何恐吓所屈服。

我的天性是挺胸自立，

坦诚而无所畏惧。

我勇敢地面对这个世界，崇尚并追求：

个人的成功在于承担责任的实现，

人生的价值在于不断地承担责任。

有一位哲人说过，没有理想信念的人是可怕的，同时没有理想信念的人也是很不幸的。除了满足基本的物质需求和生理需求以外，人们总是追求更高的价值意义。因此，理想信念是员工职业人生的目标、意志和创造力的最终来源。没有理想信念的人，他的职业人生也就没有真正意义上的希望和目标，没有意志和创造力，生命对他们来说只是时间的流逝和谋求欲望的满足，而对于他们来说是没有意义的。人们应该如何诠释生命的价值？人生的意义是什么？《钢铁是怎样炼成的》一书的主人公保尔·柯察金有一段关于生命意义的名言：人最宝贵的是生命，生命对于每个人来说只有一次。人的一生应该这样度过：当他回首往事的时候，他不会因为虚度年华而悔恨，也不会因为碌碌无为而羞愧；临终之际，他能够说："我的生命和整个精力，都献给了最壮丽的事业——为解放全人类而斗争。"

理想信念是员工的职业道德之魂。它是员工的精神支柱，主宰人们的心灵世界；它犹如大海中的灯塔，照亮并指引着人们前进的方向。理想信念是实现人生目标和理想的一种强大的内在力量。有了理想信念，人们的精神就有了寄托，行动也有了意义；理想信念是职业化员工获取事业成功的关键。它催促着人们奋斗，推动着人们进步。有了坚定的理想信念，你就有压倒一切的勇气，而绝不会被困难所折服；你就能克服一切艰难险阻，创造出人们难以想象的奇迹。

2. 承担责任是职业道德之本

责任是一种与生俱来的使命，它伴随着人生的始终，体现出人性的伟大和光辉，是生命价值的体现。作为职业化员工来说，承担责任是应有的职业道德。一个人承担了一定的责任，才会被赋予更多和更大的责任。坚守责任，是职业化员工对职业生命的庄严承诺，是坚守职业生命的最高价值。职业化员工应该正确理解责任，坚守责任，竭尽全力、全力以赴地把负责任贯彻到自己的实际工作之中。

承担责任是职业道德之本。泰豪集团有限公司董事会主席黄代放对"承担责任"有过一段精辟的论述："个人的成功在于承担责任的实现，人生的价值在于不断地承担责任。"成功是承担责任的结果；价值在承担责任中体现。对于职业化员工来说，承担责任体现在勇于承担责任、善于承担责任、不断承担责任这三个方面：

· 勇于承担责任

——勇于承担责任必须忠诚职业。

说到员工的忠诚，应该忠诚于公司、忠诚于老板、忠诚于团队、忠诚于自己。但是作为职业化员工来说，首先必须要忠诚于职业。一个不忠诚职业的人不可能忠于公司，不可能忠于老板，不可能忠于团队，也不可能忠于自己。

忠诚职业应该对工作有献身精神。忠诚职业必须热爱自己所从事的工作和所献身的事业，竭诚地为之奋斗，并将自己的一生与其所从事的事业联系起来，在事业的成功中实现人生的价值。具有职业忠诚品德的人始终视事业为神圣，视职业为生命的一部分。

忠诚职业应该忠于职守、任劳任怨。职业职责是人们在一定职业活动中所承担的特定的责任，它包含了人们应该做的工作以及应该承担的义务等。忠诚职业把忠于职守作为主要内容，要求人们忠实地履行自己的职业职责，有强烈的职业责任感，对工作极端地负责任，坚决反对任何不负责任、偷懒耍滑、马虎草率、玩忽职守、敷衍塞责的行为。任劳任怨是忠诚职业的重要体现，要求人们在工作中不计较个人得失和恩怨，不畏艰辛和埋头苦干；坚决反对在工作中拈轻怕重、怨天尤人的作风。

忠诚职业应该不断追求完美。"自强不息、厚德载物"精神就是不断追求完美，也是职业化员工应该遵守的职业道德水准。只有对工作高度负责的员工，才会懂得如何去把每一件事情做到极致。"没有最好，只有更好"。就对待客户而言，要"满足客户需求，超越客户期望"。与其相反的是，有的员工工作中没有高标准和严要求，对产品和工作质量的态度是"差不多就行"。只有以严谨的工作态度和一丝不苟的精神对待工作，在工作中不断精益求精，不断持续改进，才能为客户提供更加满意的产品，满足客户的需求并得到客户的青睐。这样的员工才能被企业所需要，也才能在本职岗位上有所建树。

员工的忠诚比能力更重要。忠诚是做好职业的基础和保证，企业对一个员工的衡量标准是：忠诚第一，能力第二。忠诚职业既是员工的职业道德，更是一种基本能力，而且是其他所有能力的核心。

——勇于承担责任必须敢于负责。

敢于负责的员工就敢于担当重任。面对各种艰难险重的任务，他们不讲任何条件，更不会讨价还价，会义不容辞地挺身而出，保证任务的完成。

敢于负责的员工就敢于拼搏。面对工作中的各种艰难险阻，他们不畏艰险，想尽一切办法，排除一切干扰去完成任务。

敢于负责的员工就敢于吃苦耐劳。面对工作中的压力，他们的选择是默默地承受，同时变压力为动力，克服各种困难，绝不会为困难所折服，并最终取得圆满的成绩。

——勇于承担责任必须主动工作。

主动工作就是眼中有活并且自动自发地去把它完成。主动工作的员工能发挥自己的主观能动性，对工作充满热情，主动找事情去做，并认为"这是我的工作"，想尽一切办法把事情做好。

主动工作就是考虑问题要先人一步，看问题深入一步。领导要你做的事，完成了是你的本分；领导想做还没有来得及做的事或领导还没有想到但应该做的事，你已经想到并把它圆满完成了，能体现你的自身价值。

那些成大事者和平庸者之间的最大差别就在于，成大事者总是自动自发地去工作，而平庸者总是有各种理由来为自己辩护。现实工作中我们看见一些不愿意主动承担责任的职场百态现象：

有的员工工作不求主动。表现在对工作拖拉，对于上司布置的工作，采取放一放、慢慢来的态度，没有雷厉风行地去贯彻执行，有的人甚至事过境迁，过几天早已把布置的工作丢在脑后。

有的员工碰到问题绕道走。有矛盾和问题就上交，有的甚至对问题不解决、不汇报，拖到最后问题被发现，此时可能已经给企业带来了无可挽回的损失。

有的人眼中无活。别人指一指，他就拜一拜，有人推一推，他就动一动，有的人甚至推了还不愿意动。

还有的人对工作相互推诿。对上司布置的工作这些人总可以找出各种不干的理由："这不是我的事"或"岗位职责中没有规定"，或者干脆说"我不懂"或"我不会"，以此一推了之；有的人是"大事做不了，小事不愿做"。

以上种种表现肯定是企业最不欢迎的，如不能进行改变，就不可能跟上时代发展的要求，一定会被企业所淘汰。

【案例 3－1】

未按时交货的责任在谁

客户向公司销售部门抱怨未能按期交货，并投诉到公司。公司为此对未按时交货的原因进行了调查，但是调查中各部门都提出各自的理由：销售部门反映，是制造部门未按时完工，责任应在制造部门；制造部门反映，采购部门采购的某一关键配套件未按时到位，造成产品无法装配完工，认为责任应在采购部门；采购部门反映，财务部门未按采购合同约定时间付款给该配套件供应商，因此配套件无法进来，认为责任应在财务部门；财务部门也很无奈地反映，近期销售部门销售回款远未完成计划，因此无法向供应商付款，责任应在销售部门。由此形成一个怪圈，看来谁都有理由，谁都没有责任。请问：

1. 你若是公司总经理，该事件责任应由谁主要承担？

2. 各相关部门采取了哪些措施可以免责？

案例分析：

1. 该事件主要应由公司总经理负责。

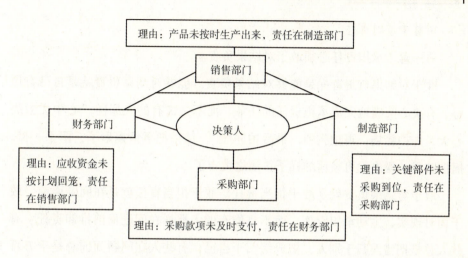

2. 各相关部门采取以下措施可以免责：

部门	采取了哪些相应措施	备注
销售部门	①主动和客户协商过	体现了客户意识
	②有跟单服务措施	体现了服务意识
	③主动和财务部门商讨过	体现了沟通意识
	④向公司领导反映过	体现了危机管理意识
制造部门	①主动和销售部门沟通过	体现了客户意识
	②主动和采购部门沟通过	体现了沟通意识
	③向公司领导反映过	体现了危机管理意识
采购部门	①主动和制造部门沟通过	体现了客户意识
	②主动和供应商协商过	体现了服务意识
	③主动和财务部门协商过	体现了沟通意识
	④向公司领导反映过	体现了危机管理意识
财务部门	①主动和采购部门沟通过	体现了客户意识
	②采取过其他融资措施	体现了服务意识
	③主动和销售部门商讨过	体现了沟通意识
	④向公司领导反映过	体现了危机管理意识
备注：各部门如果都采取了以上对应的措施，可以免责；反之，如果没有做到或缺少以上的某一项，都应进行问责		

·善于承担责任

——善于承担责任必须敢于对结果负责。

敢于对结果负责首先是能够对结果负责。能够对结果负责就是自己有信心、有决心圆满地完成承担责任的任务。而不是像有的人那样"心中无数决心大，先拍脑袋，再拍胸脯，最后拍屁股"，结果把事情搞砸了，两手一摊，摇摇脑袋，摆出无可奈何的样子，溜之大吉了。

敢于对结果负责就是敢于担当责任。敢于担当责任就是在问题面前，敢于面对现实，主动承担责任，而不是像有的人那样在问题面前推卸责任。有些人总是把错误归于别人，把成绩归于自己；有些人在问题面前总是千方百计找借口，以各种理由来为自己工作的失败进行掩饰和推脱，甚至说"没有功劳还有苦劳"，以此来掩盖自己的过失；有些人在问题面前老爱埋怨别人，一遇到问题总是像祥林嫂一样不停地责备别人，打击别人的信心，破坏团队的氛围和大家的心情。

对结果负责是市场的要求。市场不相信眼泪，市场是以结果为导向。结果的本质是市场经济的价值规律和商品交换，结果是可以满足客户需求的一种价值，是客户愿意用货币来换取的一种商品。对客户没有价值的辛苦，无论你多么辛苦，你的辛苦都没有任何价值；对客户没有价值的辛苦，无论你如何解释都是苍白无力和毫无意义的。

对结果负责是企业被市场倒逼的行为。企业存在的最基本的价值就是能为社会和自身创造效益；创造效益的多少决定这个企业的价值量的大小。公司用结果在市场上获得利润；员工用结果在公司体现价值。公司没有利润会被市场淘汰；员工不能创造价值就会被企业淘汰。

对结果负责是员工应有的基本态度。上班不是拿工资的理由，员工为企业创造工作价值，并得到客户的认可才是拿工资的原因。因此，工作价值和市场价值决定着员工的分配基准，绩效水平决定着员工的实际获得。对优秀员工的评判标准是什么？业绩是最有力的证明！企业对员工的认可程度，取决于员工为企业创造价值（有形的和无形的价值）的多少。企业需要的是能够为企业创造价值的员工，就是以工作和经营业绩说话，以业绩的结果论英雄。

一切以结果为导向是职业化员工必须具备的态度。有一个"小和尚撞钟"的故事。说的是有一位小和尚在寺院担任撞钟一职。按照寺院的规定，他每天必须在早上和黄昏各撞一次钟。开始时，小和尚撞钟还比较认真，但半年之后，小和尚觉得撞钟的工作太单调，很无聊。于是，他就开始心不在焉地应付差事，"做一天和尚撞一天钟"。一天，寺院的住持忽然宣布将他调到后院劈柴挑水，不用他撞钟了。小和尚觉得很奇怪，就问住持："难道我撞的钟不准时、不响亮？"住持告诉他："你是每天在按部就班地撞钟。但是因为你心中没有理解撞钟的意义，也没有真正用心去做，所以你撞的钟声空乏、疲软，没有感召力，不能达到真正的目的和效果。钟声不仅是寺庙里作息时间的准绳，更为重要的是要能够唤醒沉迷的众生。因此，钟声不仅要洪亮，还要圆滑、浑厚、深沉、悠远。"

这个故事给我们的启示是：小和尚虽然按时撞了钟，但是不能达到唤醒沉迷众生的目的。小和尚看似做了事情，就是没有达到需要的结果！企业中存在大量的这种现象："我已经按你说的做了"；"我已经尽最大努力了"；"我该做的都做了"。看似事情做了，就是没有达到预期结果！做这样的事情非但是没有意义，有的甚至还浪费资源，贻误工作。

表 3 - 1 做事和想要达到的结果

行为（做了事情）	结果（达到要求）
小和尚按时撞钟	钟声能够唤醒沉迷的众生
设计人员画出了图纸	设计图纸满足客户和技术标准的要求并能指导生产
采购人员采购了材料	采购材料符合质量、满足生产、价格合理
生产工人完成了下达的生产任务	按质、按量、按时地完成了生产任务

在现实工作中，我们也常常看见一些只讲形式，不讲内容；只走过程，没有结果的现象：

有的人说"领导要办的都办了"——事情没有达到预定的结果，那是在对付领导，是在完成差事。

有的人说"该走的程序都走了"——工作结果没有实现计划的目标，那显然是在走过程，是在例行公事。

还有的人说"差不多就行了"——工作结果不符合实际的要求，那就是在敷衍了事，是在应付差事。

所以，做企业必须讲务实，做任何事情都要求落到实处，做任何工作都必须追求一个预期的结果。员工能够为企业创造价值，这个员工才有价值；员工创造价值的含金量多少，决定这个员工本身的价值。

—— 善于承担责任就要诚实守信。

诚实就是老老实实做人，规规矩矩做事；守信就是重信用，守承诺。讲信用是为人之本，做人之道。

讲信用才能铸就企业的辉煌。北京同仁堂是中国著名的百年老店，创建于1669年，在300多年的风雨历程中，历代同仁堂人始终恪守"炮制虽繁必不敢省人工，品味虽贵必不敢减物力"的古训，树立"修合无人见，存心有天知"的自律意识，认为自己做的一切，只有自己的良心和老天知道。历代同仁堂人恪守诚实敬业的药德，制药过程严格依照配方，选用地道药材，从不偷工减料、以次充好，并且造就了制药过程中严谨小心、精益求精的严细精神，其产品以配方独特、选料上乘、工艺精湛、疗效显著而享誉海内外，产品行销40多个国家和地区。但是现在有时候我们开玩笑会说，中国人太聪明。指的就是有的企业在制造过程中弄虚掺假、偷工减料，喜欢耍点小聪明，实际上是聪明反被聪明误，破坏了我们的声誉，使"中国制造"在国际上一度被一些人称为假冒伪劣的代名词。其中比较典型的是2008年发生的三鹿集团毒奶制品事件。事件的起因是一些长期食用"三鹿"牌奶粉的婴儿被发现患有肾结石，此后检查发现三鹿集团生产的奶粉中加入了化工原料三聚氰胺，截至 2008 年 9 月 21 日，因食用婴幼儿奶粉而接受门诊治疗咨询且已康复的婴幼儿累计 39965 人，正在住院的有 12892 人，此前已治愈出院的有 1579 人，死亡 4 人。随后事件引起各国的高度关注和对乳制品安全的担忧。中国国家质检总局公布对国内乳制品厂家生产婴幼儿奶粉的三聚氰胺检验报告后，事件迅速恶化，发现国内的多个厂家生产的奶粉都检出三聚氰胺。该事件亦重创了中国乳制品的商品信誉，多个国家禁止了中国乳制品进口。2011 年，中国中央电视台《每周质量报告》调查发现，仍有七成中国民众不敢买国产奶，这不能不说是中国人的悲哀。

讲信用是市场经济的本质特征。市场经济是诚信经济，讲信用是职业化员工应该用职业生命做出的郑重承诺。只有在职场中讲究诚信的人，才能得到客户、领导和同事的信任，才能被委以重任。400 多年前，有一个叫巴伦支的荷兰人带着 17 名船员出航运送一批衣物和药品从三文雅回荷兰，当他的船从海洋中行至北极的时候，突然降温，第二天船被困在冰封的海洋中。他们孤独无援，在船上度过了八个月漫长的冬季，他们烧掉甲板，靠捕鱼来勉强维持生命。由于环境恶劣，有 8 名船员相继死去了。但是他们丝毫没有动用委托人的货物，包括其中可以挽救他们生命的衣物和食品。冬天终于过去了，幸存的巴伦支船长和其他 9 名船员把货物运回了荷兰，完好无损地送到委托人手中。巴伦支船长的做法震动了整个欧洲，同时也给荷兰人赢得了海运贸易的世界市场。

讲信用就必须有高效的执行力。高效的执行力是诚实守信的具体体现。作为一名职业化员工，诚实守信就是说到就要做到；要求别人做到的，自己首先要做到；要求别人不能做的，自己坚决不做。在现实工作中，我们可以看职场百态：有的人"光打雷，不下雨"。这种人可以比喻为"只听楼梯响，不见人下来"，是口头革命派。有的人"雷声大，雨点小"。这种人口号喊得震天响，说的多，做的少，是"语言上的巨人，行动上的矮子"。有的人

"说话不算数，承诺不兑现"。这种人是自欺欺人，既欺骗了别人，也欺骗了自己，是极端虚伪的，最终将被人们所抛弃。

　　—— 善于承担责任就要有危机感。

　　我们对"温水煮青蛙"的故事并不陌生：把一只青蛙投进盛满沸水的铁锅里，结果它就像被电击似的跳了出来，死里逃生；而把另一只青蛙放在温水锅里，慢慢地加热，它竟无动于衷，当水温越升越高，这只青蛙变得越来越虚弱，竟然在不知不觉中被煮熟了，它已无力从容器中跳出来。

　　生于忧患，死于安乐。投进沸水的青蛙能够死里逃生，是因为它能感应到外部突然剧烈的环境变化；而放在温水中的青蛙却被煮熟，是因为它处在舒适的环境，对于缓慢而渐进的变化习而不察。如今的社会在快速发展，竞争无时无刻不围绕在我们身边。如果我们故步自封，满足于现状，不善于学习，没有危机感，对于缓慢而又渐进的环境变化没有疼痛的感觉，最后就会像温水中的青蛙在不知不觉中被煮熟、被淘汰。

　　"预则立，不预则废"，没有危机意识是最大的危机。在当今瞬息万变的时代，善于承担责任的人一定是有高度责任心的人，他们即使是在顺境中仍然保持高度的危机感和忧患意识，使自己依然能够坚持不懈地努力，做到居安思危；对事业有危机感的员工才会以"如履薄冰、如临深渊"的责任心对待工作，时刻保持清醒的头脑，唯恐自己可能的失误给工作带来损失，这样的人对工作一定会兢兢业业、全力以赴；对事业有危机感的员工才会以"未雨绸缪"的危机感去对待事业，时刻提防各种问题的发生，并采取相应的预防措施。以这样的心态去工作，一定会使我们的事业立于不败之地。

　　有危机感的员工才会有压力，有压力才会有动力，有动力才会思进取。如果工作中不思进取，这样的人终究会被他人所取代。职业化员工必须时时保持危机感，经常冷静审视自己、对自我进行评估，客观分析职业危机感的风险和所采取的应对措施，不断戒骄戒躁，居安思危，自加压力，勤奋学习，积极进取，不让自己在环境中沉沦，不让自己在队伍中掉队。

·不断承担责任

——不断承担责任就要不断改进。

不断改进应该成为职业化员工永恒追求的目标。一个永不满足现状，在工作中不断改进的员工，就是一个不断承担责任的人，也是一个对工作高度负责任的人。但是有的员工在工作中满足现状，不思进取，不能持续改进，感觉"比上不足，比下有余"，"不求有功，但求无过"。在职业化的人生道路上不进则退，不可能保持或者维持现状，不能进步和故步自封的员工终究要被淘汰。

不断改进是一项螺旋式发展的循环活动。每一个职业化员工要善于发现和敢于正视自己的缺点和不足，以"闻过则喜"的态度对待自己的缺点与不足。对于一个员工来说，不在于你存在的缺点和不足有多少，而在于是否能识别自己的缺点与不足和持续改进能力的大小。

不断改进的目的是不断提升员工的绩效。员工应把提升工作业绩作为持续改进的出发点和终点，成绩只能说明过去，不能说明现在，更不能说明未来；知识也会老化，必须不断更新。一个职业化员工要不断提升自己的工作业绩，必须不断学习和持续改进，才能保持自己的竞争优势。

——不断承担责任就要不断进行创新。

不断创新就是不断承担责任。不断创新体现了一个职业化员工勇攀高峰、不断追求的职业精神，是敢于不断承担责任的表征。不断承担责任促使员工不是安于现状和贪图安逸，而是对工作的追求没有止境，敢于积极进取，勇于探索。当今时代对企业员工提出了更高的要求。要顺应潮流，就要具备新视野，掌握新知识、新技能，就要有创造精神和创新能力，这样才能培养和造就一支庞大的知识型员工队伍。正是因为有人不断去承担责任，不断去创新，我们的社会才会不断进步，我们的生活才会更加丰富多彩。

不断创新就是要敢于冒风险，风险意味着要面临失败和痛苦的考验，没有敢于承担责任的勇气是不可能做到的。敢于冒风险，甚至为了工作利益牺牲个人利益也在所不惜，体现的是一种大无畏的职业牺牲精神。

习惯于墨守成规、不思进取、按部就班工作的员工，看起来是没有非分之想的老实本分的员工，实际上是一种不愿意承担责任的表现。

天津港（集团）煤码头公司工人孔祥瑞是当代一个不断创新的中国工人阶级的杰出代表。他是 2005 年全国劳动模范，2009 年他还以中国工人代表登上美国《时代》杂志封面。孔祥瑞从一名只有初中文凭的码头工人，以"当代工人，只有有知识、有技能，才能有力量"为座右铭，坚持立足本职学习，在工作实践中不断创新，成长为一名享誉全国的"蓝领专家"。他主持开展的 150 项技术革新为企业带来 8000 万元的经济效益。其中 2001 年，他主持创新"门机主令器星形操作法"，使门机每一次作业可节省时间 15.8 秒，当年创效 1600 万元；2003 年，他主持的"门座式起重机中心集电器"技改项目，被授予国家级实用型发明专利。

二、职业道德的基本要求

1. 职业道德基本要求之一——职业利益关系原则

追求个人自由时不妨碍他人自由；

获取自我利益时不损害他人利益。

"追求个人自由时不妨碍他人自由。"在当今社会，员工的个人自由是一种人权，更是一种个人权益的体现。人与人之间是平等的，每个员工都有追求个人自由的权力，应该尊重和维护别人选择自由的权利，不能将自己的意志强加于人。但是由于年龄、经历和阅历的不同，人们的思维方式也呈现多元化。因此，只要员工在工作、学习和生活中的选择不违背法律法规及社会道德准则和企业的规章制度，就不能进行干涉和讽刺打击，干涉或妨碍别人选择的自由就是侵犯人权和个人权益的行为，也从根本上违背了职业利益关系原则。

"获取自我利益时不损害他人利益"与中国一句古话"君子爱财，取之有道"有异曲同工之处。从关于人性的分析我们知道，人之初，性本私。人都有对个人利益的向往。我们不反对人们获取个人利益的权力，但是获取个人利益必须通过正当的途径。所以，员工在追求和获得个人利益时，应遵守职业利益关系原则，必须做到不损公肥私、不化公为私、不假公济私，必须做到廉洁自律，洁身自好。

在现实工作中，我们看到不符合职业道德和职业利益关系的各种表现：有的采购人员以损害本公司利益为代价，吃里爬外，向供方换取好处；有的销售人员利用本单位资源，为"关系"单位获取订单，中饱私囊；有的技术人员或资料员把企业保密的技术资料泄密或出卖给同行业的相关外单位，从中获得好处；有的库管人员不坚持原则发放材料或物品，拿企业的利益为个人利益做交易；有的部门利用企业赋予的权力谋取小团体的利益；有的员工把公司的财产据为己有。如此种种，不一而足。

2. 职业道德基本要求之二——职业人际关系原则

可以不夸奖但绝不允许诋毁公司和公司产品；

可以不夸奖但绝不允许诋毁官员和公司客户；

可以不夸奖但绝不允许诋毁同行和同业人员；

可以不夸奖但绝不允许诋毁同事和公司领导。

诋毁别人无非是这样两种目的：一是泄私愤；二是打击别人，抬高自己。古人曰"己所不欲，勿施于人"。指的是自己不想要的东西，不要强加给别人。作为一个职业化员工待人处世不能心胸狭窄，而应该宽宏大量，尊重他人，平等待人。说话办事除了关注自身的存在以外，还得关注他人的存在，切勿将己所不欲施于他人。有一句话叫作"恶语伤人"。如果说话不顾别人的感受，光顾自己信口开河一时痛快，不但不能给别人带来帮助，还必然会给别人带来伤害。它既不利于人们的团结，也损害了别人的形象和声誉。你在别人面前诋毁他人时，别人也会猜想你是否在他人面前也会诋毁他们。因此，诋毁别人实际上是诋毁自己，同时也损害了企业的利益。

职业化员工应该坚守职业人际关系原则，做到不利于团结的话不说，不利于团结的事情不做；光明磊落做事，堂堂正正做人。

3. 职业道德基本要求之三 ——职业伦理关系原则

职业可以更换，伦理不可丧失。

· 员工跳槽要三思而后行

在市场经济条件下，员工的流动是一种正常的现象。但是，有三点必须提醒有关人员：第一，不要只看到眼前的利益和目前所处的环境，要从长远和发展的眼光来进行分析。假如这山望着那山高，可能会失去发展的机会和良机。第二，不要过高地估计自己。我们有的员工往往过高地估计自己，有了半桶水以后就认为自己的本事了不得，得意忘形，并以辞职为要挟来与公司进行讨价还价。首先你必须明白，你的这点本事是你所在单位对你培养的结果。我们不否认你为目前所在的公司作出了一定的成绩，但是假如没有公司为你提供的平台和所付出的学费，你也不可能取得现在的成绩。第三，有人对你的尊敬和器重，是公司赋予你的职务和权力。不要把自己看得太重，想想离开现有组织的平台，你将会是一个什么样子。

【案例 3-2】

驴和寺庙的故事

山上的寺庙里有一头驴，每天都在磨坊里辛苦拉磨，天长日久，驴渐渐厌倦了这种平淡的生活。它每天都在寻思，要是能出去见见外面的世界，不用拉磨，那该有多好啊！

不久，机会终于来了，有个僧人带着驴下山去驮东西，它兴奋不已。

来到山下，僧人把东西放在驴背上，然后返回寺院。没想到，路上行人看到驴时，都虔诚地跪在两旁，对它顶礼膜拜。

一开始，驴大惑不解，不知道人们为何要对自己叩头跪拜，慌忙躲闪。可一路上都是如此，驴不禁飘飘然起来，原来人们如此崇拜我。当它再看见有人路过时，就趾高气扬地停在马路中间，心安理得地接受人们的跪拜。

回到寺院里，驴认为自己身份高贵，死活也不肯拉磨了。

僧人无奈，只好放它下山。

驴刚下山，就远远看见一伙人敲锣打鼓迎面而来，心想，一定是人们前来欢迎我，于是大摇大摆地站在马路中间。那是一队迎亲的队伍，却被一头驴拦住了去路，人们愤怒不已，棍棒交加……驴仓皇逃回到寺里，已经奄奄一息，临死前，它愤愤地告诉僧人："原来人心险恶啊，第一次下山时，人们对我顶礼膜拜，可是今天他们竟对我狠下毒手。"

僧人叹息一声："果真是一头蠢驴！那天，人们跪拜的，是你背上驮的佛像啊。"

案例启示：人生最大的不幸，就是一辈子不认识自己。有时，离开组织给你的平台，自己真的什么都不是！

· 员工"跳槽"应该保持应有的职业态度

假如你已经决定要"跳槽"，首先，应保持"跳槽"前和"跳槽"后工作态度的一致性，保持认真履行职责到你离开现有岗位的每一分钟，并且做好工作的交接，给曾经服务的企业留下一个良好的印象。不能做出不仁不义、过河拆桥、卸磨杀驴等有损职业道德的事，给人留下一个骂名。其次，"跳槽"后不能损害原有工作单位的利益。尤其是"跳槽"到同行业竞争的企业，如果以出卖原有企业的利益为代价来换取自身的蝇头小利，就等于是出卖自己的人格，更会遭到人们的唾弃！这种自利行为，既不符合市场经济竞争的行为规范，也不符合职业伦理关系原则。

第二节　职业心态修养

人有两种年龄，一种是生理年龄，另一种是心理年龄。人的生理年龄是不能选择和改变的，但是我们可以选择和改变自己的心理年龄。现实生活中往往有这样的情况，有的人年纪已经大了，但是还保持着年轻的心态；有的人年纪轻轻，可是心态已经是老态龙钟和极度衰竭。

职业化员工应该永远年轻，就是应该保持一种年轻和开放的心态，那么在职业化的征途上，他就会永远充满激情，热爱学习，勤奋努力，发愤进取，永不疲倦！

一、拥有包容心态

1. 包容是融入团队的基础

学会包容才能融入一个团队。团队是由各色各样的人所组成的，人们在共同的劳动、工作中需要建立人与人之间的相互交往和相互依存关系，我们称之为人际关系。人际关系实际上也是一种心理关系。在团队中，人们因工作交往而相互认识，因为认识而产生相互吸引或者抗拒、合作或竞争、领导或服从等关系，于是就形成了一种团队的人际关系。团队中的人际关系包括上下级之间的关系、同事之间的关系，同时还有本团队成员与其他团队成员之间的关系。和谐融洽的团队关系能增强团队的向心力和凝聚力，反之就会给团队带来离心力和破坏力。但是，任何有人群的地方都免不了有矛盾，一个团队中也总免不了会产生各种矛盾，就像人的牙齿和舌头也免不了磕碰一样，关键是如何去看待和处理。毛泽东说得好："我们都是来自五湖四海，为了一个共同的革命目标走到一起来了。一切革命队伍的人都要互相关心、互相爱护，互相帮助。"因此，在一起大家就是缘分，就要宽以待人，容人之短。只要不是原则问题，大家都要相互谦让，发现问题多做自我批评；多一些相互鼓励，少一点相互责备；这样我们才能创造一个良好的团队氛围，大家才能团结一致，共同努力，形成一种合力，为了一个共同的目标去奋斗，我们的事业才有胜利的基础和保证。

与此相反，有的人缺乏一种包容的心态，对别人这也看不惯，那也不顺眼，好像大家都和他过不去，似乎前世就结下了不可谅解的冤仇。人活在世上一天 24 小时，其中除去睡觉和上下班的路途时间，其中最长的时间是在上班期间，假如一个人上班时间抱着一种扭曲的心态，不但做不好工作，而且会活得很累和很痛苦。

2. 包容是赢得朋友的保证

·学会包容，才能团结一切可以团结的力量

包容他人对自己有意无意的伤害；

包容他人曾经的过失；

包容他人对自己的敌视、仇恨；

包容反对过自己，并且已经被实践证明是反对错了的人。

我们的工作需要大家的共同努力去完成，我们的困难需要大家同舟共济去克服，我们的事业需要调动一切积极因素才能夺取胜利。因此，我们要有一个包容的心态，做到化敌为友，化干戈为玉帛，化腐朽为神奇，才能团结一切可以团结的人，争取一切可以争取的力量。

·学会包容，才能见贤思齐

金无足赤，人无完人。人不可能十全十美，因此对人不能求全责备。尤其是有的人能力很强，他的优点很突出，缺点也是非常突出。此时此刻，我们要虚心地学习他的优点，善意地指出他的缺点，不断地帮助他改正自己的缺点和不足。古人曰:"三人行必有我师。"以包容的心态去看待你的同事,你才可能看到他们的优点和长处,学习他们的优点和长处,以人之长,补己之短。

嫉妒心理是一种普遍的心态反映,但是东西方人的心态则有很大的不同。西方人嫉妒的出发点和归宿是"你行我承认,但终究我会比你更行,我要超越你"!这是一种竞争的心态,有利于共同发展和进步;但是"东方式的嫉妒心理"则不同,东方人嫉妒的出发点和归宿则是"你不能比我更行,你行,我也要搞得使你不行"!这是一种扭曲的心态,是为了压制别人的进步。抱有这种心态的人往往不能科学、正确地看待他人取得的成绩,它容不得别人比自己强,在他人取得成绩的时候,无端地猜疑、嫉妒,不是把他人的成绩作为激励自己不断赶超他人的起点,而是把他人的成绩当成自己前进道路上的绊脚石、成功的障碍,从而妒火中烧,背后射冷箭,脚下使绊子,其结果是损人不利己白费心计,这种心态害人更害己。

与"东方式的嫉妒心理"相类似的一种现象叫"文人相轻"。"文人相轻,自古而然"说的就是在知识分子群体内部存在的相互排斥、相互歧视的现象。在我国,这一现象既由来已久,又是一个不可忽视的现实问题。钱钟书先生在小说《围城》中将这种心理说得非常到位:"在大学里,理科学生瞧不起文科学生,外国语文系学生瞧不起中国文学系学生,中国文学系学生瞧不起哲学系学生,哲学系学生瞧不起社会学系学生,社会学系学生瞧不起教育系学生,教育系学生没有谁可以给他们瞧不起了,只能瞧不起本系的先生。""文人相轻"也是一种扭曲的心态,不利于人们之间的相互学习和共同提高,有的甚至自己把自己给孤立和封闭起来,这种自命不凡、自以为是的人,在看轻别人的同时,实际上更把自己给看轻了。

·学会包容他人,就是学会了包容自己

不能包容别人的人,实际上也不能包容自己。因为没有包容心态在某种意义上来说等于是把自己给孤立起来,把自己与现实隔离开来。

学会包容别人，实际上就是学会包容了自己。因为：学会了包容，你才会从别人那儿学到更多。面对别人的批评，你则会闻过则喜；面对别人的长处，你会虚心请教。

学会了包容，你才能有更多的朋友。人生难得有知己。古人说，君子之交淡如水。真正的朋友，需要志同道合，也需要相互关心、支持和帮助，更需要有一种真诚的包容。包容不是纵容，不是你好我好大家好，包容是发自内心的爱，一种无私的爱！

3. 如何学会包容

包容是人生的一种境界。有一首诗这样写道：

心若计较，处处都有怨言；

心若放宽，时时都是春天。

若要计较，没有一个人、一件事让你满意。

人活一世，最重要的是心灵的安稳和平静，

何必跟自己过不去。

心宽一寸，路宽一丈。

若不是心宽似海，哪有人生的风平浪静？

调整好自己的内心，用善良和爱心感染生活、感染人生！

人要达到包容的境界，就必须拥有一颗博爱的心，博大的胸襟，坦荡的气概。"海纳百川，有容乃大。"因此包容是一种需要我们用毕生去学习和领悟的东西。如何学会包容，应该"学会看轻、学会看淡、学会看透"。

· 学会看轻——把他人的过激言行看轻一点

有的人一时控制不了自己的情绪，口无遮拦，祸从口出，一时讲了一些过激或过头的话，做了一些粗莽的行为。不论对方是有意或无意，此时不能感情用事、恶语伤人，更不能拳脚相加对着干，要静心分析别人过失言行的动机和原因，是有意还是无意。即使是有意而为之，也不要把这种事看得太重，重得使自己喘不过气来，那是与自己过不去。对他人的过激言行看轻一点，贯以泰然处之的态度，是把自己看重；反之，那就是把自己看轻。

·学会看淡——把个人之间的恩怨看淡一点

人生在世，少不了恩恩怨怨，工作中也一样。都是为了工作，免不了会产生磕磕碰碰，不要因工作中的不愉快来发泄个人内心的不满。即使是个人之间的矛盾和隔阂，只要不是原则性的问题，就应该看淡一些，千万不要"怒从心中起"，更不要把不满的情绪传染给你的家人和朋友。学会把个人之间的恩怨看淡，以"风物长宜放眼量"的胸怀和大度去看待，站高望远，你会感到一种与世无争的超脱和净化。

·学会看透——把非原则性的事情看透一点

非原则的事不就是那么点事吗！把非原则性的事情看透一点，就是看破红尘。为什么非要争个我是你非，拼个鱼死网破？有一句话叫"难得糊涂"，实际上是在原则问题上头脑清醒和心中有数，在非原则问题上不计较和保持高姿态。

看轻、看淡和看透，关键是看透，只有看透才有可能看轻和看淡。我们真正做到把事情看轻、看淡和看透，就能保持一个好的包容心态。

包容是中国人民的传统美德。笔者的奶奶是一个典型的中国传统式贤妻良母，她老人家一辈子与人为善，从没有与街坊邻居和家人吵过架，甚至都没有红过脸，凡事都是念到别人的好处，对帮助她的人都心存感激之情。举一个例子，家里其他人炒的菜放多了盐，奶奶说菜咸了好下饭；菜放的盐少了，奶奶说菜淡了可以多吃一点菜，不管从哪个角度来看，别人炒的菜她都说好，都非常满意。我还清楚地记得爷爷从小就给我讲过"六尺巷"的故事，至今记忆犹新。

【案例 3 – 3】

六尺巷的故事

在安徽桐城，有条著名的小巷，长 100 米，宽 2 米，是著名的六尺巷。原本这里没有巷的，一边是清朝宰相张英的房子，另一边是平民商人吴氏的房子。

一次因两家在地界中间建房引发争执。张家的人把此事告到了在朝廷做官的张英，张英当即回家书一封：

一纸书来只为墙，让他三尺又何妨。

长城万里今犹在，不见当年秦始皇。

张家接到张英的家书后，立即把自家围墙往后退了三尺，吴家见状也主动把自家围墙往后退了三尺。六尺巷就由此而来并得名。

案例启示：退一步海阔天空。有一句话叫作"得理不饶人"。其实，只要不是原则性的问题，即使得理也要让人三分。让人不是你的软弱，更不是你的无能，而是说明你的大度与宽容！

二、心存感恩心态

人生最大的拥有就是感恩。真正富有的人就是心存感激，时时想要施与别人；真正贫穷的人是那些总想获取而不想付出的人。

人在职场，要学会如何去感恩。只有学会感恩，你才能懂得如何去做一个合格的职业化员工。

·懂得感恩的人，才会懂得在职场中怎样去做人

在职场做事必须先学会做人。职场上做人，要怀有一种感恩的心态。

面对你的客户，应该感谢他选择了你的产品，使你有了工作和服务的机会；同时还应该感谢客户给我们企业和个人带来了经济上的收益。

面对你的上司，应该感谢他对你的信任和任用，为你的职业生涯提供了

发展平台和职业机会；同时你要感谢上司对你的关心和帮助，使你取得了进步和成长。

面对你的同事，应该感谢他们对你的关心和支持，因为只有依靠团队的力量，你才可能实现职业人生的价值，取得今天的成功。

面对你的师傅和老师，你要感谢他们的教诲和厚爱，一日为师，终身为父。没有他们的谆谆教诲，你不可能取得今天的成绩。

面对你的供应商，要感谢他们的支持和帮助，是一种互利的关系把你们结成为利益共同体，使你们共同发展，利益共享，一损俱损，一荣俱荣。

面对工作中的批评，应该感谢客户、上司和同人对你的警言和帮助，帮助你发现了自己存在的问题和不足，使你的工作得到进一步的改进和提高。

总之，在职场学会感恩，才能学会做人，你一定会得到更多；不会感恩，你一定会失去更多。

·懂得感恩的人，才会懂得在职场中怎样去对待困难

职场的困难是最好的老师。因为困难，你选择了坚强，使你懂得了如何去勇敢地面对；因为困难，给了你磨砺意志的机会，使你锻炼得更加成熟；因为困难，你学到了许多书本上学不到的东西，使你懂得了珍惜。所以懂得感恩的人，一定是以一种积极向上的心态去与困难做斗争，而绝不被困难所折服！

·懂得感恩的人，才会懂得怎样去对待职场中取得的成绩

面对取得的成绩，懂得感恩的人才会清楚知道自己在职场中的成绩是如何取得的，他绝不会沾沾自喜，更不会忘乎所以。

面对取得的成绩，懂得感恩的人才会懂得饮水思源，并会更加努力地工作，来回报所有关心和支持他工作的人们，不辜负大家的期望。

面对取得的成绩，懂得感恩的人才会懂得利益分享，而不是把一切功劳和利益归于自己，贪天之功为己有。

面对取得的成绩，还应该感谢机会给予你的恩赐和惠顾。这个机会，就

是社会和所有关心和爱护你的人们。

大家一定要切记：任何时候、任何情况下，千万不要认为别人对你的帮助是理所当然的，即使是别人应该做的或别人的职责所在，也应该表示衷心的感谢。只有心存感恩心态的人，在职场才一定会更加戒骄戒躁和发愤努力、一定会取得更大的成绩、一定会有更大的发展机会和空间。

三、树立自信心态

1. 自信心是职场胜利的法宝

自信心是职业人生的坚强支柱。正如鲁迅先生所言："一定要有自信的勇气，才会有工作的勇气。"同样，一定要有自信的勇气，才会有胜利的希望。一个人想要做成大事，必须有一种强大的力量作为精神支柱，这种力量来源于强大的自信心。

自信心比知识、智慧更重要。必胜的信心，坚强的信念，是一个人最宝贵的财富，是一切成功之源！自信是成功的保证，自信就是相信自己，请不要说不可能，相信一切皆有可能，别让自卑毁了自己。有了自信心，事业就成功了一半。在美国有一个专门研究智力的机构做过这样一个试验：他们从学校的 10000 名中学生中挑选出 20 名，然后召集所有的人在操场上，校长宣布这是通过国家顶尖专门研究天才的科学家经过长期测试和研究后发现的，并把名单公布出来，然后这 20 名同学站出来，让所有的同学都能看见他们。这 20 名同学很激动也很兴奋，"哇，我们是天才，而且是经过测试出来的！" 20 年后，这些人中有的成为优秀的职业经理，有的成为专家，他们无论在什么领域，都不负众望，做出超人的成绩。20 年后，这位测试的专家告诉校长，他们并不是真的经过专业测试出来的。那么，最后他们是怎么成为天才的呢？结论是因为他们相信自己就是天才。他们坚信：因为我是天才，所以我能完成常人不能完成的任务；因为我是天才，所以我们能克服常人不能克服的困难；因为我是天才，所以我能达到常人不能达到的成就！

树立自信心要善于把握自己。人在职场，会遭到来自四面八方的干扰和各种不同的噪声。这个时候一定要有主见，只要看准了的事情，就要坚定自己的自信心，排除干扰，不为所动，走自己的路，让他们说去吧！

【案例 3－4】

父子骑驴的故事

父子俩牵着驴进城，半路上有人笑他们：真笨，有驴子不骑！父亲便叫儿子骑上驴，走了不久，又有人说：真是不孝的儿子，竟然让自己的父亲走着！

父亲赶快叫儿子下来，自己骑到驴背上，又有人说：真是狠心的父亲，不怕把孩子累死！

父亲连忙叫儿子也骑上驴背。谁知又有人说：两个人骑在驴背上，不怕把那瘦驴压死？

父子俩赶快溜下驴背，把驴子四只脚绑起来，用棍子扛着。经过一座桥时，驴子因为不舒服，挣扎了下来，结果掉到河里淹死了！

案例启示：一个人要有主见，具备判断是非的能力，才不会被别人的意见所左右，才不会无所适从，才能坚定自己的信念。不要活在别人的舆论中，要靠自己的脚走路，靠自己的脑袋思考。

2. 自信心来源于哪里

首先职场的自信心来自于对所面对事物的成功把握。成功把握就是通过对事物内在联系和外部条件的分析和判断，做到心中有数，才能树立必胜信心，运筹帷幄，决胜于千里之外。

其次职场的自信心来自于敢于面对困难的勇气和战斗的决心。在困难面前，气可鼓而不可泄，职场的胜利往往是在再坚持一下的努力之中；在艰难困苦之中，置于死地而后生，职场的胜利往往是狭路相逢勇者胜！

【案例 3 - 5】

泰豪公司创业小故事

泰豪科技集团有限公司是一家高科技民营企业，它的前身是 1988 年创办的"江西清华科技服务部"，公司从 2 万元开始创业，现在已经成为中国民营制造企业 500 强之一。它的高速发展和成功之路，曾经被称为"泰豪模式"。它的发展过程，尤其是创业发展过程，体现了公司创业者的自信和远见卓识。

· 建设工业园。1997 年 11 月泰豪公司成功借助社会力量进行资本运作，在南昌高新技术产业开发区建设"泰豪（南昌）高科技工业园"，成为最早在该开发区建成投产的企业，为企业的发展抢得了先机和制高点。

· 小鱼吃大鱼。1998 年 7 月 1 日泰豪公司借助清华同方成功兼并国有大中型企业江西三波电机总厂，成立"泰豪科技股份有限公司"，演绎了一场小鱼吃大鱼、民营企业兼并国有大中型企业的成功案例。

· 企业成功上市。2002 年 6 月 19 日泰豪科技 4000 万 A 股发行成功，并于 7 月 3 日在上海证券交易所挂牌上市，成为中国智能建筑电气产业首家上市公司，令当时的人们刮目相看。

案例启示：这三件事在当时来看人们普遍认为是不可能办到的事情，但是结果都成功了。说明一个人要取得事业的成功，一定要善于把握发展的机遇，而机遇总是青睐那些具有远见卓识和非凡勇气的人们。

四、增强抗压心态

人的抗压能力就是在外界压力下处理事务的能力，或者说叫抗挫力。抗压能力是职业化员工的一种基本能力。抗压能力主要与人的心理素质有关系，因此增强抗压心态，是员工战胜困难，做好各项工作所必需的。

1. 增强抗压能力必须拥有过硬的自制能力

现实生活中矛盾到处都有。现代社会的竞争越来越激烈，导致人们生活和工作的节奏越来越快，生活和工作压力也越来越大。这些压力，除了社会和企业方面的相关工作应改进以外，同时要教育员工增强抗压能力，提高心理素质。

职业化员工应该有"知难而进"的精神。压力是最好的推动力。人有压力就有动力，有动力才能进步。面对困难，要勇敢地迎接挑战，首先要挑战自我的心理素质，增强必胜的信心，要有"人生能有几次搏"的勇气，下定决心，具有不怕牺牲的精神，才能排除万难，争取胜利。

职业化员工应该有"屡败屡战、越挫越勇"的勇气。人生无坦途，困难和挫折是考验一个人意志和胸怀的试金石。只要志存高远，知难而进，一定会看到美丽的彩虹。职业化员工在挫折面前，应该百折不挠、锲而不舍，而不能被困难和一时所遭受的挫折所吓倒。

职业化员工应该有"知耻而后勇"的气魄。人不可能不犯错误，犯错误也不可怕，就怕被错误吓倒，从此意志消沉、一蹶不振。职业化员工应该光明磊落，敢于面对失败的问题，视失败为成功之母，敢于修正错误，坚决改正缺点，善于总结经验，竭力争取最后的成功。

阿里巴巴创始人马云从小到大不仅没有上过一流的大学，连小学、中学都是三四流的，初中考高中都考了两次。1982 年 18 岁的马云参加高考的时候，他经历了第一次高考落榜。1983 年马云再次参加高考又再次落榜，到1984 年他参加第三次高考，才勉强被杭州师范学院以专科生录取。他的职业生涯更是非常坎坷的，他说这辈子从没有应聘成功过，找过几十份工作全都被拒绝，有一次 24 人去肯德基面试，只有他一个人没有被录取。马云在谈到这一段经历时曾经这样说过，如果他每次都能应聘成功，他也就不可能去自主创业，也就不可能有以后的成功。

【案例 3 - 6】

富士康集团深圳工厂"十三跳"事件

2010 年 1 月 23 日发生员工第一跳起至 2010 年 5 月 27 日，富士康集团深圳工厂已连续发生十三起员工跳楼事件，这些员工的年龄都在 18 ~ 25 岁，引起社会各界乃至全球的关注。如此年轻的生命就选择了死亡，实在令人惋惜，也不得不引起人们的沉痛思考：是什么原因使他们对如此年轻的生命不加珍惜？应该如何避免再次发生类似事件？

【案例 3 - 7】

神田三郎的悲剧

有一次，日本的松下公司招聘一批推销人员，考试是笔试和面试相结合。这次招聘的总共只有十人，可是报考的达到几百人，竞争非常激烈。经过一个星期的筛选工作，松下公司从这几百人中选择了十名优胜者。

松下幸之助亲自过目了这些入选者的名字，令他感到意外的是，面试时给他留下深刻印象的神田三郎并不在其中。于是，马上吩咐下属去复查考试分数的统计情况。

经过复查，下属发现神田三郎的综合成绩相当不错，在几百人中名列第二。由于计算机出了毛病，把分数和名称排错了，才使神田三郎的成绩没有进入前十名。松下幸之助听了，立即让下属改正错误，尽快给神田三郎发录取通知书。

第二天，负责管理这件事情的下属报告了一个令人吃惊的消息：由于没有接到松下公司的录取通知书，神田三郎竟然跳楼自杀了，当录取通知书送到时，他已经死了。这位下属还自言自语地说："太可惜了，这位有才华的年轻人，我们没有录取他。"

松下幸之助听了，摇摇头说："不！辛亏我们公司没有录取他，这样的人是成不了大事的。一个没有勇气面对失败的人又如何去做销售！"

案例启示：职业化员工不应该成为生活和工作中的懦夫，那将不被人们同情而只能被人们轻视！一个不能经受挫折考验的人，不可能有所作为，也不可能获得事业的成功。

2. 职业化员工自身如何增强抗压能力

面对纷繁复杂的社会环境和艰难困苦的工作，职业化员工的处事原则是：赢得结果，享受过程，"痛并快乐着"！那该如何增强抗压能力呢？我认为可以从以下几个方面进行：

心理上进行调整。你不能改变现状但可以改变自己的心态，面对各种工作中的压力，要有一种"举重若轻"的心态，以平常的心态去看待工作和生活中所发生的不顺，就是在战略上我们要藐视它，绝不被工作困难的"压力山大"所吓倒；同时对工作中的具体问题又要"举轻若重"，就是在战术上要重视它，细心调查、精心策划、周密实施；我们要以大无畏和坚韧不拔的决心及勇气与困难做斗争。当我们竭尽了最大的努力，即使达不到理想的目标我们也不会因此而后悔。

思想上进行释放。倾诉是一种最好的释放。可以找亲人和几个知心的朋友进行内心倾诉，把自己心中的不悦和苦水倒给他们，求得他们的意见和建议，一定能收到较好的效果。绝不能把自己的思想禁锢起来，那将会使自己的思想陷入深深的苦闷和不可自拔的境地。

心情上进行放松。可以采取体育锻炼、散步、听音乐，同时参加一些集体活动等来缓解压力，放松心情；也可以通过看一些励志书籍获取精神慰藉进行心情调整。

加强和改善管理。企业应加强和改善对员工的管理，履行社会责任，注意加强对青年员工特别是新生代农民工的心理疏导，帮助他们搞好自我管理、自我调整，缓解心理压力，提高耐挫能力，同时营造良好的人际关系，使广大职工有尊严地生活，获得体面的工作和劳动。

五、克服浮躁心态

浮躁心态在我们日常工作中的表现是多种多样的：

有的管理人员工作不注重调查研究，工作凭经验，决策凭印象，工作虎头蛇尾，管理粗放。

有的员工不安心本职工作，一心想"跳槽"，这山望着那山高。

有的员工经常牢骚满腹，工作中眼高手低，对任何人都看不起，对什么事都看不惯。

1. 员工如何克服浮躁心态

产生浮躁心态的深层次原因比较复杂，有社会环境的影响，主要是人们受社会上一些错误思潮和不良风气的影响，同时也因为社会竞争压力的加大，快速的生活节奏等；也有个人的主观因素，工作中的烦恼使得某些意志薄弱者在思想上产生一种茫然的冲动，在工作中产生浮躁心态。

如何克服浮躁心态？我认为主要有以下几个方面：

思想上要克服急功近利的思想。急功近利的人只看见和贪图眼前的利益，而对工作没有远见卓识的考虑，实际是一味追求个人名利的思想在作怪。克服急功近利的思想最主要的是克服个人的私心杂念，以大局为重，以长远利益为重，以组织的利益最大化为重，以大多数人的利益为重。

心理上要耐得住寂寞，经得起诱惑。"外面的世界很精彩，外面的世界也很无奈"。面对社会上林林总总的诱惑，职业化员工应该始终坚持自己做人做事的原则，不为利所动，不为情所惑，才能坚定自己的志向和目标，保持清醒头脑，做到"知止而后有定，定而后能静，静而后能安，安而后能虑，虑而后能得"。

行动上要始终保持谦虚谨慎、不骄不躁。我们在工作中能够取得一定的成绩，不排除个人的努力和能力，但是切不要过高估计自己的能力。一个好汉三个帮，假如忘记这一点，我们就会忘乎所以，就会自我孤立起来。因此，要克服"骄、娇"二气，不要"以我为中心"，要摆正位置，正确认识自己，经常反省自己的不足，多听取他人的意见和建议，谦虚做人，踏实做事。

2. 对入职者的忠告

如果你选择到一家企业上班，这应该是你的主动选择，而不是企业强迫你到这儿来上班。既然你已经做出了这种选择，就应该对自己的选择负责。你选择了这个企业和这份工作，就必须接受它的全部：因为企业不仅给你提供了职业发展的平台，还为你提供了薪水；工作不仅给你带来了压力、辛苦、挫折，同时也收获了成功的喜悦——不管是过程或结果的好与坏，它们都是工作的一部分。

对入职一个组织的员工来说，要学习和了解的事情一定很多。尤其是对于刚刚走出校门的青年学生，大家肯定是憧憬一个美好的前途和未来，带有理想化的东西比较多一些，而对前进道路上可能遇到的问题思想准备不足，考虑不周。因而一旦在遇到一些问题和困难以后，往往就显得措手不及，有的甚至感到茫然和失望。有一件事情虽然已经过去了30多年但至今仍然记忆犹新，那是笔者刚刚大学毕业分配在江西电机厂设计处工作，我们处长是一位1958年清华大学电机系毕业的大学生，他开始分配给我的工作就是每天传递和修改设计底图并发放蓝图，其他的时间就是每天必须练习一张四号纸的仿宋字。如此枯燥的工作，我这么一干就是整整一个月。后来我实在忍不住了就找到处长说"这样的工作我不上大学也能干，太没有意思了"！处长看出了我的心思，语重心长地对我说："你不要小看了这些工作，这是职业人生的基础课，也是必修课。我大学毕业以后就整整干了三个月这样的工作。你记住，不管走到哪里，这些工作今后对你都是大有用处的。"他的一席话对我震动很大，当我静下心来再做这些事情的时候，发现许多工作都是企业几十年积淀并形成的标准化工作流程，因此我更加注意这些工作之间的相互联系，了解这些工作的必然要求和一些规律性的东西，为我以后的工作打下了一个良好的基础。这使我慢慢从中悟出了一个道理，那就是在职场上必须脚踏实地，一步一个脚印地真抓实干，我们的脚步才能迈得更坚实，我们的职业化之路才能走得更远。

在职场的困难面前，使人感到彷徨和迷茫的原因只有一个，那就是你想得太多，干得太少。因此，对入职者来说，既要坚定自己的职业目标，又要注意调整自己的理想预期，把困难想得多一些，把问题想得复杂一些；同时面对社会上形形色色的诱惑，不要感情用事和冲动，应该用一种理性的心态面对。

日本京瓷创始人稻盛和夫考大学第一报考志愿没考上，只好进了一所地方大学。大学毕业时，正逢朝鲜战争结束，由于战时特需而带动的经济景气告一段落，经济陷入萧条。他一没有背景，二没有门路，就职考试又屡试不中。而地方性大学的毕业生，有时甚至连面试的机会都没有。甚至买彩票，前后的号码都中奖，单单自己的不中。这时，他不禁诅咒世道不公，感叹自己命运不济。

反正再努力也是徒劳，于是稻盛和夫的心渐渐向坏处倾斜。他曾经练过空手道，学了一点本事，心想不如干脆参加黑社会吧！之后他曾在闹市区一家黑社会组织门前徘徊。

最终，在一位大学教授的帮助下，稻盛和夫总算进了京都一家生产绝缘瓷瓶的工厂。进去后才知道这家企业非常破旧而且面临倒闭，工资迟发是家常便饭，而经营者一族还内斗不断。

好不容易进入的公司却是这种状态，和他同期进去的几位大学生一见面就发牢骚，每天商量的就是何时辞职。不久和他同期进公司的几位大学生都找到了新的工作，相继辞职而去，最后只剩下他一个孤家寡人。

人是很奇怪的，一旦被逼入进退维谷的境地，反倒想开了，轻松了。既然怨天尤人无济于事，不如将心境来个180度大转变，干脆把精力投入工作，全身心沉浸于研究吧。于是稻盛和夫把锅碗瓢盆都搬进了实验室，逼迫自己天天专心做实验。

作为心境变化的反映，研究成果也开始显现。看到好成果上司就表扬他，这促使他更加投入，于是又产生了更好的结果。由此进入了良性循环。

这样，稻盛和夫用自己独特的方法，在日本首次合成并开发成功了一种新型陶瓷材料，用在电视机显像管的电子枪上，那时电视机才刚刚普及。

周围的人开始对他刮目相看。这使他感到了工作的意义和生命的价值，至于工资迟付的问题也已经不再介意。这一阶段掌握和积累的技术以及取得的业绩，成为他后来创办京瓷公司的重要资本。

在改变自己心态的瞬间，人生就出现了转机。此前的恶性循环被切断，良性循环开始了。在这个经验中，使稻盛和夫明白了一个真理，就是人的命运绝不是天定的，它不是在事先铺设好的轨道上运行的，根据我们自己的意志，命运既可以变好，也可以变坏。

因此，对人职者来说，要敢于排除各种干扰，辨明方向，脚踏实地，走自己的路；要始终保持年轻的心态和干劲、青春活力，努力开创职业生涯的新局面。需要提出的几点忠告是：

· 人生：先做人，再做事

古人云："欲治其国者，必先齐其家；欲齐其家者，必先修其身。"这充分说明了人生必须先学会做人，才能更好地做事的道理。工作需要大家齐心协力来完成，职场上善于处世，和大家以诚相待，才能与同事们和睦相处，团结一致，才能完成工作业绩。相反，假如你看不顺眼我，我也看不顺眼你；你恨不得吃了我，我恨不得吃了你；在工作中互相钩心斗角，互相拆台挖墙脚，那么工作中不但形不成合力，反而会造成离散力；工作不但不能做好，做人也太累。因此只有先学会把人做好，才能得到大家更多的帮助，才能共同把工作做好，才能使自己在职场上走得更加顺利。

·职场：先升值，再升职

在职场上先提升自己的能力，给自己的职业能力进行充值，才能使自己在职场上不断升值，不断提升自己的含金量，经过长期不断的努力，在职场中形成自己的职业品牌，使自己成为企业不可或缺的人才。到那时承担更多的责任就是组织对你的期待和要求，你的职务提升和薪水的增加将不是你的选择，而是一种必然。

·目标：先成长，再成功

一个人的职业人生不可能是一帆风顺的，工作中有失败、有挫折也会有成功。但是，失败和挫折是成功之母，是人生成长和成功的必然过程。人生的成长过程需要有耐心、有恒心、有毅力；不要抱怨，不要彷徨，更不要颓废，你的职业生涯发展之路将会越走越宽广。在职业生涯的发展过程中，什么时候你的工作热情和努力程度不为收入不高和职务提升而减少，你就开始在为自己的梦想打工了。

·地位：先站住，再站高

初涉职场，要从最基层的工作做起，从小事开始做起，首先要站稳脚跟，打好基础，才能有更大的发展空间；万丈高楼平地起，只有构建坚固的基石才有可能建成雄伟的高楼大厦；必须有自己扎实的知识技术功底或专长后，才有可能在自身或其他领域进一步深入拓展。因此，作为一个职业人不能好高骛远，眼高手低。要心存高远，又要脚踏实地，只有站得住、站得稳，才能站得高、看得远，才能拓展更大的职业发展空间。

第三节　职业意识修养

职业意识是作为职业人应具有的意识。正向积极的价值观念和思维方式是人生的第一财富，也是职业人应具备的职业意识。

职业意识反映人们的价值观念和思维方式。职场中成败的最大差别就是人们价值观念和思维方式的不同。中国改革开放几十年来，人们最大或者说感受最深的变化是人的思想观念的变化。中国改革开放以来，经历了从计划经济到市场经济的发展，从粗放式的管理到精细化的管理，这种润物无声的变化，体现出大家看问题的角度和思维方式已经与以前有了许多的不同。

正像海尔公司张瑞敏说的："我经常思考这样一个问题，改革开放为海尔带来的最本质、最核心、最打动人的东西是什么？想来想去，比来比去，我认为就是四个字：观念革命。中国20年的辉煌，海尔15年的成就，主要不在有形的东西，而恰恰在于无形的东西，这就是观念、思维方式的全新的变革。"

价值观念和思维方式是真正决定人生的主要因素。日本京瓷创始人稻盛和夫被称为日本的"经营之圣"、"人生之师"。他用40年时间创建了两家世界500强企业，并称为日本的"经营四圣"，他对人生成就的方程式是：人生成就 = 思维方式（-100 + 100）×激情（0 + 100）×能力（0 + 100）。由这个方程式可以看出，人的思维方式是决定人生成功的关键。从这个意义上来说，职业化员工应具有的职业意识——市场思维意识、法治思维意识、问题思维意识、系统思维意识、团队思维意识，并加强对这些思维意识的修养。

一、市场思维意识

有一位企业老总说过这样一句话，做过市场的人看问题的穿透力更强。也就是说，经历过市场磨炼的员工，看问题更具有市场思维，更善于揣摩并把握客户和人们的心理状态，因此更善于透过现象看到本质。这句话不无道理。因为我们处于并将长期处于社会主义的初级阶段，在市场经济的环境下，不仅通过市场经济这只无形的手对资源进行优化配置，同时通过市场经济的行为准则引导人们的价值观念和思维方式，人们的价值观念和思维方式无不打上市场经济的烙印。所以，人们必须适应市场经济环境的要求，善于用市场思维去分析和处理问题。

1. 具有市场思维意识，才能有效地识别客户

企业的生存和发展首先靠的是客户。没有客户，企业将无法生存。为此，作为职业化员工来说，要增强市场意识，才能有敏锐的市场眼光，有效地识别顾客，善于捕捉商机，抓住机遇获得客户的订单。因此，具有市场思维意识，才能有效地识别客户。我们通过几个案例来说明市场思维意识的重要性，以及如何才能有效识别客户。

【案例 3 - 8】

两个推销员的故事

有两个卖鞋的推销人员到一个孤岛去做市场调研，发现这儿长期与世隔绝的人都没有穿鞋。一个推销人员看见后非常沮丧，认为这个地方没有人穿鞋，根本就没有销售市场。因此这个推销人员转身就走了。另一个推销人员看见后则非常兴奋，他认为这个地方的人们没有穿鞋，是因为这里的人们还不知道穿鞋的好处，一旦人们尝到穿鞋的好处，这里的市场潜力将非常巨大。因此这个推销人员抓住商机，开展一系列的市场策划和推销活动，在这个孤

岛上打开了一片市场,获得了大批的订单,并取得了良好的经济效益。

案例启示:思路决定出路。思维方式不同,就会对问题产生不同的看法,得出完全不同的结论。那些市场上的成功者和失败者的主要差别,就在于他们市场思维的观念及思维方式的差别和不同。

【案例 3-9】

两个农民工进城找工作的故事

有两个农民进城找工作,在城里待了几天,身上带来的盘缠已经花得差不多了,还没有找到合适的工作。一个农民开始抱怨说,城市里花销真大,连喝水都要花钱(指买矿泉水),不像我们在农村喝水根本就不用花钱。感慨在城市里实在待不下去了,于是卷起行李就回了穷乡僻壤的农村老家。另外一个农民则想,在城市里连喝的水都可以卖钱,这里挣钱的机会真是太多,商机真是太大。于是他开始应聘在一家生产矿泉水的企业打工,一年下来以后,他熟悉了工厂的主要工艺流程,摸清了相关的采购和销售渠道以后,利用自筹的 2 万元,自己开始创业卖矿泉水,并且凭着他的勤劳和智慧,产业越做越大,成为先富起来的人员。毋庸置疑,那位已经回老家农村的农民,还在那块贫瘠的土地上辛勤耕耘,日复一日地继续过着面朝黄土背朝天、日出而作日落而息的生活。

案例启示:两个农民工同时进城务工,由于不同的市场思维意识,看问题的角度不同,对问题产生的看法不同,最后的结果也不同。这就是观念的差距。观念并没有改变事实本身,但观念改变了事实所蕴藏的意义。

【案例 3 - 10】

大地瓜洗衣机的故事

海尔"大地瓜洗衣机"的发明就是一个倾听顾客抱怨并采取行动的典型案例。1996 年，一位四川农民投诉海尔洗衣机排水管老是被堵，服务人员上门维修时发现，这位农民用洗衣机洗地瓜（红薯），泥土大，当然容易堵塞。服务人员并不推卸自己的责任，帮顾客加粗了排水管。顾客感谢之余，埋怨自己给海尔人增添了麻烦，说如果能有洗红薯的洗衣机，就不用麻烦海尔人了。农民一句话，海尔人记在了心上。经过调查，他们发现原来这位农民生活在一个"红薯之乡"，当年红薯喜获丰收，卖不出去的红薯需要加工成薯条。在加工前要先把红薯洗净，但红薯上沾带的泥土洗起来费时费力，于是农民就动用了洗衣机。更深一步调查，在四川农村，有不少洗衣机用上一段时间后，电机转速减弱，电机壳体发烫。向农民一打听，才知道他们冬天用来洗衣服洗红薯，夏天用它来洗衣服。这件事使海尔人产生了一个大胆的想法，发明一种洗红薯的洗衣机。这种洗衣机不仅具有洗衣机的全部功能，还可以洗地瓜、水果甚至蛤蜊。这种产品首次生产一万台投放农村，立即被销售一空。

案例启示：员工具有市场思维意识，才能更好地满足客户的要求，才能站在客户的立场上去分析问题和解决问题。员工只有真正把客户视为企业的上帝，才会以客户为关注焦点，把"满足客户要求，超越客户期望"作为企业的追求和生存法则。

2. 具有市场思维意识，才能在企业内部引进市场化竞争机制

企业是市场经济的主体。在市场经济的大潮中，有的企业乘风破浪，成为市场的弄潮儿；有的企业则随波逐流，最终被市场所淘汰。企业的竞争能力主要取决于企业在市场的生存和发展能力，或者说取决于企业内部的活力。

因此，企业内部也必须引进市场化的竞争机制。实践证明：企业内部没有竞争，就不可能产生优秀！引进市场化竞争机制，企业才能够在市场经济的环境下生存与发展。

企业引进市场化竞争机制的出路在于改革。但是改革会有阵痛，需要付出代价。我在国有企业体制内工作了几十年，深深感到企业的改革尤其是竞争性的国有企业改革非搞不行，否则企业就是死路一条！但是企业内部引入市场竞争机制，在企业内部模拟市场化运作，需要员工在市场思维意识方面达成共识，改革实施方案才能有效推进。在一些企业，市场化运作竞争机制难以形成，不是方法问题，而是思想问题，主要的症结是有的员工尤其是企业管理人员缺乏市场思维意识，对改革的必要性认识不清，怕字当头，顾虑重重，尤其是当改革触及某些人利益时，某些人就成为"叶公好龙"的先生，有的甚至在行动上进行抵制。在这种体制和机制下，企业内部的市场化机制难以实施，企业管理人员和员工的积极性难以发挥，企业就必然缺乏市场竞争力。

如何增强员工的市场思维意识？关键是要从体制上进行突破、从机制上进行改革、从观念上进行转变。

· 从体制上进行突破

企业改革应该把体制改革作为突破口。在传统的国有企业，资产是国家所有，企业的领导人都由政府委派。在这种体制下，国有企业成为政府的附属物，企业领导主要是对上级政府部门负责，厂长负责制实际上难以真正行使应有的权力，从某种意义上来说是徒有虚名。举一个例子，企业按规定处罚一个犯错误的员工就不是一件容易的事情。某个企业有一位员工犯了错误，企业按规定要对这个人进行处理。可是这位员工通过关系找到政府主管部门一位领导给企业领导人说情，你办还是不办？如果坚持原则处理了这个员工，就会得罪这位政府主管部门领导；如果不处理这位员工，那就是丧失原则，以后企业发生类似事情就难以处理。企业面对诸如此类的问题，进退两难，既感到棘手，又感到无奈，企业的厂长经常要花费大量的时间和精力来处理这些关系，而对生产经营的一些重大问题往往无暇顾及。

但是国有企业内部要引进市场化机制，在一般情况下靠内部的力量难以有效推进，必须借助外力。这个外力就是必须对国有企业的体制改革进行突破，进行法人治理结构的改变，实行现代企业管理体制。只有摆脱束缚企业的羁绊，把企业从政府的附属物转变为自主经营、自负盈亏和自我发展的市场竞争主体，把企业推向市场，企业才能感受到面临的市场压力，才能变为驱动企业内部改革的动力。

· 在机制上进行改革

现代企业制度是以市场经济为基础，以企业法人制度为主体，以有限责任制度为核心，以产权清晰、权责明确、政企分开、管理科学为条件的新型企业制度。改变企业体制才能更好地进行企业管理机制的改革。因此要按照建立现代企业的要求，建立合理的法人治理结构，调整企业内部的相互关系，并且在企业内部建立行之有效的与市场经济相适应的管理机制。

企业的内部管理机制就是把企业的生产链模拟成市场经济关系。即生产链的下一道工序是上一道工序的客户；各个部门要把自己的服务对象看成是自己的客户；要制定考核标准；在企业内部模拟市场化进行考核，并且与每一个人的切身利益挂钩，实行优胜劣汰的竞争机制。

· 在观念上进行转变

要正确认识企业主人翁的真正内涵。过去有一种观点，工人阶级既然是企业的主人翁，就得行使当家做主的权力，而当家做主就是企业的事情必须要大家共同做主，要大家说了算。这是对企业主人翁精神的一种错误或者片面地理解。我们不否认企业从管理人员到普通员工都是工人阶级的成员，但是在企业内部又有不同的岗位分工，承担了不同的岗位责任。每一个员工都要对自己的岗位职责切实负起责任，保证承担责任的实现并圆满完成岗位业绩，才是真正发挥了一个主人翁的作用。

改革是一种利益的调整。要正确看待改革长远利益与短期利益的关系。从长远来看，改革会给人们带来更多的实实在在的好处；但从短期来看，改革会触动某些人的切身利益，给某些人带来阵痛，尤其是与某些人切身利益密切相关的"帽子、位子、票子"问题。

如何看待"帽子"问题。管理人员要破除与政府官员相对应的级别观念；要打破论资排辈的错误观念，不拘一格选拔人才，做到能者上，庸者下。企业管理人员不再是政府的行政级别干部，而应该成为一个职业经理人；职业经理人必须对出资者负责，对出资者的资产进行保值增值负责。要切实履行自己的职责，做一个合格的职业化员工。

如何看待"位子"问题。各级人员都应竞争上岗，逐级聘任，实行一级对一级负责。企业改制前有的员工认为自己身体不好、能力不够，组织照顾是天经地义的事情，"有困难找领导！"把"依靠组织"变成了"依赖组织"，甚至躺在组织的身上。一旦不能满足个人的要求，就牢骚满腹，怨气冲天，只要组织照顾不要组织纪律。实行市场化的优胜劣汰竞争机制后，员工的能力不足，适应不了企业发展的需要，就有可能被淘汰。所有员工都要破除一职定终身的观念，实现一专多能，一人多岗，真正做到能上（岗）、能下（岗）、能转（岗）。

如何看待"票子"问题。企业改制前要在分配上拉开差距是一件十分困难的事情。员工干多干少一个样，干好干坏一个样，复杂劳动与简单劳动不可能做到拉开分配的差距，因此造成企业养了一批懒汉，大多数员工的积极性调动不起来；企业改制后要破除固定工资的陈旧观念，收入要真正做到与个人为企业所承担的责任、作出的贡献和实际劳动成果挂钩，反对分配中搞平均主义，搞照顾、凭关系、做"好人"，真正做到多劳多得，少劳少得，不劳者不得食。

江西三波电机总厂是原国家机械工业部定点生产中小型同步发电机的骨干企业，也是南昌市的重点大中型企业，于1998年7月企业进行改制，由清华同方股份有限公司和泰豪集团有限公司进行兼并重组，并成立泰豪科技股份有限公司。企业改制以后，在引进清华同方公司和泰豪公司技术和资金的同时，更重要的是引进了新的管理机制。这种机制是对国有企业中存在的部分不适应市场经济机制的无情否定。企业改制以后生产经营得到了快速发展，原有产品的销售收入由每年不到一个亿，现在已经超过十个亿，可以说是大大地解放了生产力，促进了生产力的发展。实践是检验真理的唯一标准，事实证明当年企业的改制是完全正确的，也是完全必要的。回顾所走过的企业改革历程，仔细想一想这种变化，首先要有体制的变化，才有可能产生机制的变化，最终导致了员工思想观念的变化。笔者当时是江西三波电机总厂的党委书记，直接参与了企业改制的整个过程，对员工思想观念的转变过程感受深刻，记忆犹新。当年新华社江西分社的记者对我进行了采访，当问及江西三波电机总厂这个国有中型骨干企业为什么要走兼并重组道路这个问题时，我的回答是："我们企业经历了多年的内部改革，但是由于没有在体制上进行突破，企业内部改革所做的种种努力只能是'伤筋动骨'，不能真正打破铁交椅、铁饭碗、铁工资，企业也就不能真正焕发活力；只有在企业体制上进行突破性的改革，才是真正意义上的'脱胎换骨'，才能使企业真正焕发生机。因此，企业的体制决定机制，机制决定观念。企业只有进行凤凰涅槃般的蜕变，才能浴火重生，才能增强企业的市场竞争力。"

二、法治思维意识

法治思维就是要用法律的眼光来判断事物，从法律的角度来审视、思考和判断问题，而不仅是从政治、经济的角度，要多一个角度，多一个思考方法，就是法律的方法，凡事都用法律的方法来拷问一遍，审视一遍，思考一遍，这就叫作法眼看事物、法眼看世界，这就是法治思维。

1. 法治管理是企业治理的基本方式

俗话说，没有规矩，不成方圆。市场经济是法治经济，也是有序经济，通过市场这只无形的手对社会资源进行优化配置，其中起支撑和掌控作用的是市场经济的游戏规则。

对投资者而言，最为重要的首先就是了解和熟悉当地政府相关的法律法规，包括投资环境，然后才能最后下定投资的决心。他们知道，在任何地方投资建厂不能违法，这是一个起码的常识。

对于企业员工来说，也必须具备法律思维意识，应在法律法规的范围内开展工作和活动。企业员工应懂得并严格遵守的法律法规包括两个方面：一是政府颁布实施的相关法规；二是企业颁布实施的法规。这里应该强调指出的是，企业制定和颁布实施的各项行政管理制度和规定，制定和批准实施的技术标准、技术图纸、工艺规范等文件都是企业的法规。

2. 法制管理是对员工的基本要求

· 自觉遵守法规

自觉遵守法规是对员工的基本素质要求。员工应增强法治思维意识，提高遵守政府和企业相关法规的自觉性，维护法规的权威性，凡是法规有明确规定的，就应该坚决贯彻执行，并在法规许可的范围内开展活动。但是要做到自觉遵守法规不是一件容易的事情。比如有的员工在有人监管的条件下能够遵守法规，但是在无人监管的情况下就不一定遵守法规。以穿戴劳动用品为例，当有人检查时员工能正确穿戴劳动防护用品，但是一旦没有人检查时，有部分员工就不穿戴劳动防护用品；企业安全生产规定中明确操作旋转车床时员工不能戴手套，但是有的员工却我行我素，照常戴手套进行操作。不是员工不了解企业法规，也不是员工不懂企业法规，而是有的员工心存侥幸心理，认为这样做也没有出现问题，更何况犯不了大错误。从深层次的思想原因分析，是对企业管理制度的漠视，是法治思维意识的缺失。

·完善各项法规

不管是政府颁布实施的法律法规，还是企业制定的各项规章和制度，都有一个不断完善的过程。随着情况的变化，有的法规需要不断补充，有的法规需要进行修改，但是，这些法规的完善应该通过正常的渠道进行。对于企业不够完善的法规，应通过各种合理化建议、职工代表大会提案等形式向企业有关部门提出，并通过必要的工作流程不断进行补充和完善；对于涉及政府有关部门制定的法规，我们也应该通过适当的法定程序提出建议，或通过人大代表形成提案向有关政府部门反映，并通过必要的组织和法律程序去进行完善和补充。

·敬畏各项法规

敬畏法规包括三个层面：一是充分认识法规是解决各种矛盾纠纷的基本渠道，也是我们解决问题的首要考虑方式；二是当其他方式解决不了的时候，由制度化的方式进入法律的方式来进行解决；三是法律一旦做出判断，它就是最终的判断，无论对错，都应当受到尊重，应该维护法律的权威性。但是现实生活中我们也看到有些人对发生的一些矛盾纠纷首先不是考虑通过以法规的正常渠道来解决，而是采取无理取闹的方式，认为不闹不能解决问题，只有闹才能引起领导的重视，闹得越凶闹得越大，事情就解决得越快越好。有的事件法律已经做出了判决，但是只要不符合自己的心愿或没有达到预定的目的，就一直要闹下去，不达目的绝不罢休。

3. 法治管理是员工应具备的基本能力

员工应提高用法治思维来判断问题和解决问题的能力，其中最基本的能力包含以下几个方面：

·增强法规意识，加强企业管理

只有了解企业的法规文件，在工作中才能知道自己应该做什么，不应该干什么。企业就像一部庞大的机器，根据这部机器的运转需要，企业制定了一系列的法规，每个员工必须遵守企业法规，才能维持这部机器的正常运转。

员工必须了解并自觉遵守企业的各项行政管理规章制度。行政法规是企业的行政管理法规，例如考勤制度、人力资源管理制度、安全生产与劳动保护制度、设备管理制度、员工培训制度、财务管理制度等，这是保证企业作为一个团队正常运转的基本条件。

员工应该了解并熟练掌握各自岗位的技术和工艺规范要求。技术和工艺规范要求是企业的技术法规，例如技术操作规程、产品工艺规范、产品试验规范、产品技术标准等，这是员工胜任本职工作的基本要求。

员工必须了解并严格执行企业的质量管理制度。ISO9001《质量管理体系要求》是世界上第一个质量管理标准，既是一个管理平台，也是质量管理的基本要求。企业根据 ISO9001《质量管理体系要求》标准制定的一系列质量管理文件，是企业的质量法规，也是员工的职业行为规范。

·增强法规意识，维护员工合法权益

只有了解并懂得政府颁布的一系列与员工切身利益相关的法律法规，你才能在法律法规的范围内维护自己的合法权益，做到有尊严地工作和生活。

员工必须了解与劳动和劳动保护有关的法律法规。比如《中华人民共和国劳动法》、《中华人民共和国劳动合同法》、《中华人民共和国职业病防治法》、《企业职工工伤保险试行办法》、《中华人民共和国传染病防治法》等，同时也应该了解 GB/T28001《职业健康安全管理体系要求》等，以维护劳动者的合法工作和劳动保护权益。

·增强法规意识，遵守政府法规

企业的行为必须符合政府法律法规的要求，并在政府法律法规的范围内开展生产经营活动。了解并懂得政府的相关法律法规，你才能更好地履行自己的职责，做好自己的本职工作。

企业从事行政、销售、采购、财务等管理工作的员工必须了解和熟悉

《中华人民共和国公司法》、《中华人民共和国企业所得税法》、《中华人民共和国企业破产法》、《中华人民共和国合同法》、《中华人民共和国反不正当竞争法》、《中华人民共和国招标投标法》、《中华人民共和国专利法》等。

企业从事技术工作的员工必须熟悉本专业的国际、国家和行业的技术标准，了解与本企业产品相关专业的国际、国家和行业的技术标准。

企业从事环保管理工作的员工应熟悉《中华人民共和国环境保护法》、《中华人民共和国节约能源法》、《国家危险废物名录》、《排放污染物申报登记管理规定》，同时应了解 GB/T《环境管理体系要求》等。

企业从事质量管理工作的员工应掌握《中华人民共和国质量法》、产品强制性认证的产品目录及相关要求、生产许可证认证的管理制度及要求等。同时，还应该了解《卓越绩效评价准则》的国家标准，这个标准采用了国际先进的质量管理理念和方法，是世界许多优秀的成功企业的精华浓缩和经验总结，也为企业追求卓越绩效提供了一个经营模式，可以为企业质量提升创造更大发展空间。

【案例 3 – 11】

一份合同引发的法律纠纷

甲方（买方）和乙方（卖方）因一份购货合同在货物交付过程中产生了法律纠纷，主要是涉及合同中的以下条款内容：

1. 合同中规定"设备验收合格条件为：设备性能测试和试验运行验收出现的问题已经被解决至买受人满意"。

争议问题：现在设备按照验收标准已经过性能测试合格，运行中出现的问题也基本解决，但是甲方又提出了其他一些问题，认为没有达到甲方满意。因此在设备验收问题上无法达成共识。

案例分析：因"买受人满意"为主观要求，不适合设定为设备验收是否合格的标准。建议设备验收标准必须采用客观标准。

2. 合同中规定"合同签订后，甲方向乙方支付货款总额 60% 的货款 (60 万元) 作为定金后，合同正式生效，并在合同生效后的 100 天内将产品交付至甲方指定地点；甲方收到货物后再向乙方支付货款的 30% (30 万元)；产品验收合格后付清剩余货款的 10% (10 万元)"。

争议问题：由于乙方未及时向甲方交货，属于乙方违约。为此甲方要求乙方双倍返还人民币共计 120 万元。但是，乙方认为能接受的最大限度赔偿是退回 60 万元的定金。

案例分析：法律规定，收取"定金"一方违约，将双倍赔偿"定金"给对方。若收取的是"订金"或"预付款"，则赔偿就不存在双倍的法律风险。建议应慎用"定金"一词。

【案例 3-12】

起个大早，赶个晚集

据中国工业博物馆记载，沈阳电机股份有限公司（前身为沈阳电机厂）是全国在 20 世纪 80 年代最早设计开发并生产增安防爆型大中型电动机的国有大型企业，曾经是我国研发和生产增安防爆型电动机的"领头羊"，并作为东北老工业基地的骄傲载入史册。在当时的历史条件下，我国对该类防爆电机产品还未实行生产许可证制度。但是随着形势的发展，全国工业产品生产许可证办公室于 2006 年 11 月 21 日公布，同年 12 月 20 日实施《防爆电气产品生产许可证实施细则》，规定凡是未能取得防爆电机生产许可证的企业，不得生产和销售防爆电机产品。当时沈阳电机股份有限公司的产品正处于供不应求的情况，同时对防爆电机实施生产许可证的法律法规也不甚了解，一直没有申请办理防爆电机生产许可证，但仍然照常生产和销售。之后不久，企业由于种种原因，生产经营开始走下坡路，更无暇去申请办理生产许可证，直至被质监稽查部门检查发现并进行了经济处罚。

2011 年 1 月沈阳电机股份有限公司被泰豪科技股份有限公司收购并改组为泰豪沈阳电机有限公司，企业走上了规范发展的轨道，正式启动了申请办理防爆电气类产品生产许可的认证程序，并正式获得防爆电机的生产许可证书。

案例启示：企业的发展必须符合国家法律法规的要求，并在法律法规的范围内开展活动，才能走上正常的发展轨道。尽管沈阳电机股份有限公司是全国最早研发并生产大中型防爆电机的企业，具有大型防爆电机的技术优势。但是由于企业有关人员缺乏产品许可证方面的知识，没有及时办理该产品的生产许可证，反而使企业栽了跟斗，错失了发展良机。

三、问题思维意识

1. 善于发现问题

·学会把问题当问题看待

——发现不了问题本身就是最大的问题。

有问题不可怕，可怕的是我们不敢正视问题。矛盾是普遍存在的，矛盾就是问题。要善于分析是大问题还是小问题；是重大问题还是一般问题；是普遍性问题还是个别性问题；是技术性问题还是常识性问题。发现不了问题的原因分两种：一种是一叶障目，视而不见；另一种是习以为常，熟视无睹。前者是能力问题，后者是认识问题。在企业的现场，我们经常发现有的生产现场和办公现场管理混乱，但是相关的管理人员却感觉良好。这充分反映出有的管理人员和员工缺乏问题意识。发现不了自己存在的问题，就找不到改进和努力的方向，势必就要落伍或被淘汰，因此可以说，发现不了问题是掉队和落伍的开始，发现不了问题本身就是最大的问题。

——发现问题是解决问题的第一步。

只有发现问题，才能解决问题；只有发现问题，才能找到解决问题的办法；发现了问题，问题就解决了一半。所以，发现问题是解决问题的第一步。有这样一件事：某企业进口的一台大型电动机，安装使用半年后电动机出现强烈的振动和噪声，企业赶紧把生产厂家的技术人员请来进行维修，也没有修好，这种关键设备一旦出现问题，企业就有面临停产的可能。无奈之下，他们请来了一位经验丰富的退休高级技师。这位老师傅来到现场，经过仔细观察，最后他用粉笔在电机的某个部位画了一个圆圈。打开设备一看，就在画圈的部位终于找到问题，问题就迎刃而解了。

——问题意味着改善空间，问题就是改善机会。

有问题是坏事，但是坏事可以变成好事。因为有问题就有困难，有困难就有机会，有机会就有希望。我们应该抓住机会，把握希望，使问题得到解决，不断拓展发展空间，使我们可以站在一个更高的起点上，得到不断的发展。

解决问题的过程也是一种自我提升的机会。通过解决问题提高自己的能力，使自己得到一次免费的培训，同时也使自己积累经验，增长知识。同时解决问题的过程中要克服一系列的困难，这对自己是一种磨难，磨难给了自己机会，磨难能使自己更成熟。

持续改进是质量管理的基本原则之一。"没有最好，只有更好。"只有不断地持续改进，才能发现我们的改善空间和发展机会，才能更好地提升自己，为客户提供更好的产品和服务，企业由此也能不断迈上新的台阶。

——问题就是教育人的最好机会。

管理上有一种教育方法叫作现身说法，即利用身边的人和事作为案例对员工进行教育，随时随地教育人，印象更深刻，可以起到立竿见影的效果。现身说法不光是在教育别人，同时也在警示自己；你在教育别人的时候，自己也在受到教育。

· 学会从专业的角度去发现问题

从专业的角度去发现问题，就是用专业的眼光去观察、检查和了解并发现问题。检查的方法有看、查、问等。例如，通过对质量管理体系的审核，发现企业在满足客户要求方面所建立的质量管理体系的符合性和有效性；通过对企业环境管理体系的审核，发现企业在遵守环境法律法规、保护环境方面所承担的社会责任问题以及环境管理体系的符合性和有效性；通过对职业健康安全保护体系的审核，发现企业在遵守职业健康安全的法律法规、维护员工的职业健康安全方面的合法权益以及所建立的职业健康安全管理体系的符合性和有效性；通过对财务的审计，发现财税管理方面的问题和改进机会；财务分析人员通过对企业报表的分析，发现资金的调度、现金流及企业管理方面的问题，提出改进的意见和建议，供领导决策和使用。

·学会透过现象看本质去发现问题

学会透过现象看本质需要有一种深刻的思考。就像苹果从树上掉下来是现象，地球引力才是本质一样。比如有的人今天做这工作不顺心，明天做那工作也不满意，对工作挑三拣四。现象是对工作不安心，但经过调查后仔细分析发现，其本质是没有确定的人生目标，或者说职业目标对他不重要。这样的人应该确定自己的人生目标。

比如有的企业整体效益下滑，看起来是由于产品的质量下滑造成的，经过仔细调查分析发现，应该是管理问题，主要是人的问题，而人的问题主要是质量意识问题，关键是企业班子的问题尤其是班子一把手的责任心和质量意识问题。

·学会观察细节去发现整体问题

见微知著，一叶知秋。有人说，看一个企业的现场管理，只要看两个地方：一个是企业的厕所，另一个是企业的食堂。这不无道理，假如一个企业连厕所和食堂都管理不好，企业的现场管理肯定好不到哪儿去。

一个企业小事故不断，就有可能造成大事故。海恩里奇法则是德国人帕布斯·海恩提出的：每一起严重事故的背后，必然有 29 次轻微事故和 300 次未遂先兆以及 1000 个事故隐患。要想消除一起严重事故，就必须把这 1000

个事故隐患控制住。所以，杜绝安全隐患，必须从杜绝每一件安全小事故抓起；而每一件安全小事故的背后，反映的是安全管理制度的缺失或管理者的缺位。

2. 敢于直面问题

· 发现问题时的态度

失败者总是在问题面前找理由，成功者总是在问题面前找原因。在美国西点军校，有一个奉行了 200 多年的最重要的行为准则，也是传授给每一位新生的第一理念，那就是"没有任何借口"。它强化了每个学员想尽办法去完成任何一件任务的意识，而不是没有完成任务找借口。

【案例 3 - 13】

迟到以后首先应该做什么

员工迟到后，他的第一反应应该是什么？是首先说明迟到的原因还是首先承认迟到的错误？这两种做法在思想认识上有什么不同？

案例启示：这个案例虽然讲的是一个如何对待迟到的态度，实际上反映的是我们对待问题的心态。我们发现人们往往迟到后的第一反应首先是解释原因，无非是告诉领导和大家，我迟到不是故意的，是有客观原因的。但是不管什么原因和理由（其中有人确实是做了好事耽误了时间，但也不乏有人在编造故事），你确实是迟到了——这是不争的事实。作为公司的员工，不管是普通员工还是管理人员，迟到就是违犯了劳动纪律，就要道歉，就必须承认错误，这是对待迟到的正确态度。至于对迟到问题的处理，那是组织上或上司的事情，那要根据具体情况具体对待。

事实上，在企业实际工作中类似迟到的问题屡见不鲜。至于发生时的问题的态度，有的员工不是首先承认自己的错误，而是采取消极的态度：一是强调客观原因；二是把责任推给别人；三是采取回避态度；四是故意装糊涂。

我在两个企业看见过两种氛围截然不同的质量分析会议。一个企业的质量分析会议是吵架会，各部门参加会议的人员互相指责，他们像足球运动场上的坚强后卫，只要球一旦进入防区，就一个大脚把球踢向老远的对方，给球门解围，在后卫防线筑起一道牢牢的铜墙铁壁。另一个企业的质量分析会则更像一个检讨会，参加会议的各部门代表都针对出现的问题分析本部门如果某道工序或工艺过程出现问题可能会造成该种质量问题的发生，然后大家对摆出来的问题进行梳理，找出问题发生的真正原因或可能原因，提出解决问题的办法。这两个企业的不同做法，我想最后的结果肯定是不同的。

· 遇到问题时的态度

在问题和困难面前，要解决问题，而不要成为问题的一部分。遇到问题时通常有两种不同的态度：有的人是遇到问题绕道走；有的人是敢于面对问题，迎着困难上，顶着困难干。

泰豪集团有限公司董事局主席黄代放说："只要是对的事情，什么都不会缺；若缺，一定是对的方法和尝试的勇气。"

你不想做，总会找到借口——找理由推卸责任必然失败。作为弱者，在问题和困难面前总有理。现实工作中，碰到困难绕道走，千方百计找理由的不乏其人。这种人往往还要打肿脸来充胖子，他们总要找到种种理由，来说明这也不行，那也不行。但是，这种人不会成功，也不可能成功。

你若想做，总会找到方法——找方法解决问题总会成功。作为强者，在困难面前，办法总比困难多。任何成功人士的成长和发展过程都不是一帆风顺的，人们往往看到他们光彩照人的一面，而不知道他们成功的后面免不了辛勤的汗水和心酸的眼泪，他们的成功总是在克服种种困难和艰难险阻后取得的。

3. 主动解决问题

·解决问题要发挥主观能动性

员工和各级管理人员处在生产和工作的第一线，最了解自己所从事工作的实际情况，最能发现问题，最有提出解决问题方案的发言权。在各自的工作岗位上，如果上司提出解决问题的方案让你去做，你完成了是应尽的责任；假如你主动提出自己的解决方案，使问题得到解决，想在上司之前解决问题的员工是用心做事的好员工。

工作中提出意见是宝贵的，但是提出解决问题的建议更加可贵。我们更需要的是能够积极提出意见并提出相应解决方案的员工。他们的意见和建议方案将更容易得到领导的重视和采纳，他们也一定会成为企业更关注的人。

·发现问题及时采取纠正措施

纠正措施就是为消除已发现的不合格的原因所采取的措施。采取纠正措施的目的是消除不合格原因，防止不合格再发生。

为此，对已经发现的不合格采取纠正措施的步骤是：

第一步：分析已发现不合格的原因（一定要找到不合格的根本原因，才能最终消除不合格的重复发生）；

第二步：对发现的不合格实施纠正；

第三步：为防止类似不合格现象的发生，消除不合格产生的原因；

第四步：对采取的纠正措施进行验证，评价纠正措施的有效性。

第五步：对以上采取的措施和结果进行记录。

【案例3-14】

对水轮发电机拉紧螺栓不合格采取纠正和纠正措施

发现的问题：供方提供的700多根水轮发电机4米长拉紧螺栓，在用户现场安装时全部拉断。

第一步：分析不合格原因

1. 问：为什么拉紧螺栓都会断裂？

回答：因为调质处理都有微小裂纹。

2. 问：为什么拉紧螺栓会有裂纹？

回答：因为供方调质时用水淬。

3. 问：为什么拉紧螺栓用水淬？

工艺规定要用美国产的专用油处理，但此油分供方买不到。

4. 拉紧螺栓专用调质油买不到，为什么还要分包方干？

此螺栓热处理工序是供方（委托方）采取外包方式交由 A（分供方）承担，因 A 处理过该螺栓（3 米长），质量不错。但现螺栓改为长 4 米，供方继续交给 A 处理，但 A 炉子条件长度不够，因而 A 未经供方同意又转包给现在的 B（分供方）。但 B 未买到专用油，直接就改用水淬工艺进行热处理，造成裂纹。

5. A 进行热处理拉紧螺栓的炉子条件不够，为什么还要委托给 A 干？

供方对 A 能否生产 4 米螺栓的条件没有进行评审，只是依据过去 A 干过 3 米螺栓的业绩考虑。因此，这次 4 米螺栓的外包也就凭经验交给 A 干了。

结论：从上面整个分析过程可见，其根本原因是对分供方的生产能力没有评审，并且整个外包过程也没有监控。

第二步：纠正

重新评价和选择新的合格供方，对拉紧螺杆进行调质处理，并组织相关人员对该外包过程进行监制。

第三步：纠正措施

1. 供方重新修订《外包管理规定》，对外包的分包管理和过程的监控管理按要求作出明确规定。

2. 加强供方对外包工作的领导，在生产部成立"生产外包管理小组"，由一名副部长任组长。

3. 对目前供方的外包工作（含生产部以外的）进行一次全面清理和检查，发现运输外包（由销售部负责），也存在类似情况，要求在下月底以前完成整改工作。

第四步：验证

检查以上各步骤采取措施的有效性。

案例分析：以上有两个关键点：一是对发现的不符合，首先要找到问题发生的根本原因，在分析问题的时候一般应采取"5 问法"，即通过问"5 个为什么"就能找到问题的根本原因（但是有时只要能找到问题的根本原因，也可以不用问到 5 个为什么）；二是采取纠正措施的目的是消除问题发生的根本原因，同时举一反三，查找类似问题是否存在并及时解决，以保证类似的问题以后不再重复发生，提高解决问题的有效性。

·发现问题及时采取预防措施

预防措施的对象是潜在的不合格。预防措施的目的是消除潜在的不合格原因，防止不合格的发生。即指问题还没有发生，但存在一定的隐患，这个隐患就是潜在的不合格，如果不及时消除隐患，就有可能造成问题的发生。比如有的地方虽然没有发生火灾，但检查发现存在火灾的隐患，对消除火灾隐患所采取的措施就是预防措施。

防患未然，这是我们熟知的道理。我们只有把隐患消除在萌芽状态，才可能杜绝事故的发生；我们只有及时发现并消除已出现的小问题，才有可能不会发生大问题。工作中难免出现各种小问题，但是我们需要有一种积极的态度，去发现问题和解决问题；我们不仅需要能有效解决已经发现问题的人，同时更需要那些能够及早发现这些问题隐患，并及时解决问题隐患的人。

【案例 3 - 15】

神医扁鹊的故事

魏文王问名医扁鹊：你们家兄弟三人，都精于医术，到底哪一位医术最好呢？

扁鹊回答：大哥最好，二哥次之，我最差。

文王再问：那么为什么你最出名呢？

扁鹊答：我大哥治病，是治病于病情发作之前。由于一般人不知道他事先能铲除病因，所以他的名气无法传出去，只有我们家里的人才知道。我二哥治病，是治病于病情刚刚发作之时。一般人以为他只能治轻微的小病，所以他只在我们的村子里才小有名气。而我扁鹊治病，是治病于病情严重之时。一般人看见的都是我在经脉上穿针管来放血、在皮肤上敷药等大手术，所以他们以为我的医术最高明，因此名气响遍全国。

案例分析：这个案例告诉我们真正医术高的人是治病于病情发作之前的人。因此，我们不仅要重视对不合格问题的整改工作，更需要重视不合格隐患的整改，使问题隐患不至于引发不合格问题的发生。真正优秀的员工是重视防患未然，把不合格问题消除在萌芽状态的人员。

因此，对已经发现隐患的不合格采取预防措施的步骤是：

第一步，分析已发现隐患的不合格原因；

第二步，对发现的不合格实施纠正；

第三步，为防止类似不合格现象的发生，消除潜在不合格产生的原因；

第四步，对采取的措施进行验证，评价所采取措施的有效性。

第五步，对以上采取的措施和结果进行记录。

四、系统思维意识

在现实工作中，许多工作往往不是一个过程就能够完成，而是需要若干个过程。这若干个过程就形成一个过程网络。而这些单个过程在过程网络中，不是杂乱无章的，而是彼此之间有一个逻辑的相互关联和相互作用的关系，这种关系包括过程之间的串联链接，也包括并联链接；同时体现在一个过程的输出通常是其他一个过程的输入。具有这种相互关联和相互作用关系的过程网络，可以把它称为一个体系或一个系统。系统具有鲜明的整体性、关联性、层次结构性、动态平衡性、开放性和时序性特征，员工在实践中必须坚持和运用系统思维。事实证明科技越发达、交往越密切，社会的关联度和系统性就越强。企业的各项工作、各类要素相互交织，只有坚持系统思考，科学统筹，才能推进企业以及其他各方面工作有机衔接起来，提升工作的有效性。

1. 增强系统思维要抓好过程控制

认识和理解过程方法是理解现代管理的基础，也是过程系统管理方法的基础。作为企业的最高管理者，最关心的是事情的结果；但是作为具体执行者来说，必须要通过对过程的有效控制，才能达到预期的结果。

【案例 3 - 16】

外商为什么取消这批订货合同？

某电机制造企业与外商草签了一批电机的出口订单，外商要求在正式合同签订前对企业进行现场考察。为此，企业高度重视，并精心组织生产了一台样机迎接外商的到来。外商进入企业进行考察时，该企业首先把样机介绍给外商的几个专家，希望得到客户的首肯。但是，外商只是简单地看了一下产品的外观和相关的几个主要技术数据，转而要求对现场的过程控制进行审核。结果发现，线圈制造作为电机的心脏，既是电机制造的关键工序，也是电机制造的特殊工序，却没有按规定进行工艺验证再确认，不符合 ISO9001：2008《质量管理体系要求》标准条款 7.5.2 中关于"对特殊工序进行再确认"的相关要求。因此，外商认为，该企业的电机生产过程没有得到有效控制。于是，外商取消了这批电机产品的订货合同。

案例分析：产品是过程的结果。只有对产品实现过程进行有效的管理和控制，才能保证产品质量。虽然产品的样机是合格的，但是由于生产过程没有得到有效控制，因此可以认为产品样机合格只是一种偶然的现象，而批量生产产品发生不合格就是必然的结果。

ISO9000：2005《质量管理体系 基础和术语》标准对产品的定义为"过程的结果"。过程是一组将输入转化为输出的相互关联和相互作用的活动。因此，过程是品质管理活动也是企业管理活动研究的基本单元，正如化学研究的基本单元是化学元素一样。研究过程的基本特征，对于识别质量管理活动的每一个过程具有重要的指导意义。研究过程的相互作用，为建立一个系统有效运行的质量管理体系提供了基础方法和管理思路。

过程的特点：

——有输入和输出。输入是实施该过程的基础、依据和要求，包括资源、条件和方法；输出是该过程完成后的结果，即中间产品和最终产品。

——实施过程是将输入转化为输出而开展的各项活动，必须使用与所开展的活动相适应的资源，包括人员、实施、工作环境、信息、资金等。

——为了确保过程的质量，应针对该过程的活动规定方法。

——应对输入、输出在过程的适当阶段进行必要的测量，以证实它们的正确性、适宜性和符合性。

过程方法的特点与作用：

——过程方法的应用可以更高效地得到所期望的结果。过程方法将活动和相关的资源作为过程进行管理，在组织内系统地对诸过程和相互作用进行识别，对具体过程的输入、输出和相互作用进行连续控制，并对其进行系统管理，可以实现资源利用的最优化和效率最大化，使过程高效运作。

——过程方法的应用可以更好地加强对过程的有效控制。过程方法通过对过程之间的相互关联或相互作用，可以从整体上比较系统、透明、清楚地了解过程或过程网络在运行中的情况和问题，特别是过程之间的接口问题，从而更有利于发现过程运行中深层次的本质问题，以便更好地采取措施，对过程或过程网络进行连续控制。认识过程方法在组织的应用，可以使我们的工作增进主动性，减少盲目性。

——过程方法的应用可以更好地加强对过程的系统思考。在现实生活中，由于信息的不对称，往往会造成人们对某些问题看法的局限性，"只见树木，不见森林"，不善于从整体上去分析问题。而过程方法则让我们从过程控制的角度，并站在一个更高的高度，去全面地思考和分析问题，以减少我们的失误，如图3-1所示。更好地加强对过程的持续改进。PDCA被称为过程模式。这种模式在识别和运作过程时，把过程分为策划（Plan）、实施（Do）、检查（Check）、处置（Act）四个阶段，通过这四个阶段的持续循环，使过程效果得到不断提升。

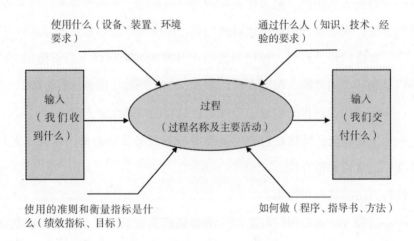

图3-1 过程方法"乌龟图"

2. 增强系统思维要树立全局观念

·树立全局观念要学会管理的系统方法

管理的系统方法有利于组织提高实现目标的有效性和效率。系统的管理方法着眼于整个系统和实现总目标，管理对象是多个过程组成的体系。这就要求我们在工作中把企业或企业内某个体系的过程网络作为一个整体来看待，各个过程的相互关联和相互作用的关系要求协调一致，减少相互制约，发挥组织的整体优势以达到实现组织的目标。

管理的系统方法既要注重工作的整体效果，还要做到各项工作的有机协调与配合。对涉及面广的问题，要抓住主要矛盾和次要矛盾方面的问题，并研究与其事物的关联性和各项举措的偶合性，同时推进各项措施相互配合、相互促进；其次，抓工作既要有总体规划，又要有分类指导。不少员工习惯于头疼医头、脚疼医脚，工作缺乏整体筹划，整天打乱仗，不仅个人苦不堪言，而且工作效率低下，出现瞻前不顾后、顾此失彼的现象；最后，推进工作要把握好力度与节奏，既要有雷厉风行的作风，也要有闲庭信步的定力。

·树立全局观念要正确处理局部与全局的关系

树立全局观念就是要认识大局，把握大局，服从大局，服务大局，自觉在大局下行动，树立全局观念和一盘棋的思想。如果把企业比作一台大机器或大系统的话，那么一个部门、一个人就是企业大机器、大系统中的一个零部件或子系统，零部件或子系统只有在整个企业大机器或大系统中才能发挥作用和体现价值，大机器、大系统必须依靠每个零部件、子系统各就各位、协调配合，才能正常运转，显示其巨大的功能威力。因此，从这个意义上说，大局意识也是系统意识，需要我们用系统的观点妥善处理上级与下级、整体与个体、全局与局部之间的关系，使我们的所思所想、所作所为有一个正确的取向。要相互配合、相互支持、相互补台，坚决防止和克服我行我素的错误行为。

树立全局观念不能"只见树木，不见森林"，要站在全局的立场去分析和处理问题。我们有的问题从局部看来是正确的，但是站在全局的立场来看就不一定正确。当局部与全局发生矛盾的时候，局部应该无条件地服从全局。从一个企业来说，各个部门的利益必须服从企业利益，当部门利益与企业利益发生矛盾的时候，部门利益应该无条件地服从企业利益。

3. 增强系统思维要抓好目标管理

人们常说，只有想不到的，没有做不到的。一个人有什么目标和思考，就会有什么样的未来。人们经过专注的思考和不懈的追求，才有可能实现自己的理想和目标。没有目标就没思考，没有思考就没有有追求，没有追求就没有成功。

目标管理是一种系统思维的方式。制定目标，抓住目标不放松，可以做到心中有底，管理有数。

· 目标制定

目标制定要具有"三性"。即挑战性：就是说制定的目标必须通过一定的艰苦努力才可以实现，或者说跳起来才可以摘到树上果实的这样一种目标；可实现性：制定的这个目标不是可望不可即的，是通过努力能够实现的目标；可测量性：制定的目标可以定性或定量进行测量。

· 目标分解

组织在确定总体目标以后，应在各相关层次上进行分解和落实，设定相关职能部门和流程节点的具体目标，并确定责任人、完成时间等。要做到千斤重担人人挑，人人身上有指标；责任要求应明确，小指标保大指标。

· 目标考核

应重视建立以价值为导向的过程考核体系，即不仅要看结果，更要看过程。过程是为结果服务的。要确定职能或流程节点的绩效考核标准、报酬等政策，以促进员工价值取向和行为的改变，营造全新的企业文化。没有对流

程的考核管理，流程就会流于形式；没有对过程的监督控制，过程等于走
过场。

五、团队思维意识

20 世纪 60 ~ 70 年代中期，日本创造了经济腾飞的奇迹，迅速成为世界
经济大国，企业国际竞争能力跃居世界首位。为此，以美国为首的许多西方
国家对日本的奇迹产生了浓厚的兴趣，他们研究后发现，日本企业强大竞争
力的根源不在于其员工能力的卓越，而在于其员工整体"团队合力"的强
大，其中起关键作用的，是那种弥漫于日本企业的、无处不在的"团队精
神"。因此，许多专家认为，在市场经济的条件下，企业光靠领导者殚精竭
虑而没有员工的积极参与，或者只有个人的单打独斗而没有有效的团队协作，
必然没有长久的生命力。要想取得成功，必须形成强大的团队合力。因此，
企业必须努力培养和造就团队精神，才能适应市场经济发展的要求，进而求
得生存与发展。

1. 增强团队意识必须正视个人与团队的关系

什么是团队？一群人凑在一起只能说是一个人群，而不能说是一个团队。
当凑在一起的这群人在利益和目标上达成了一定的共识，并能为这一共同的
利益和目标共同努力的时候，这一群人就变成了一个真正的团队。我们所说
的团队精神就是团队成员为了团队的利益与目标而相互协作、尽心尽力的意
愿与作风。

个人与团队的关系是，团队好比是大海，我们每个员工就像沧海一粟，
全体员工会集在一起才能形成大海的波涛和强大的力量。在这个世界上，任
何个人的力量都是渺小的，只有融入团队，才能实现个人价值的最大化。为
了实现一个共同目标的集体，需要全体员工心往一处想，劲往一处使；需要
团结协作，优势互补；需要相互关爱，同舟共济。因此，员工之间要相互依

存，借助团队的力量才能形成"1＋1＞2"的团体竞争力。中国人在国难当头、民族危亡的关键时刻，能够体现出万众一心，前赴后继的英雄气概。但是在和平年代的日常工作中却有不少人容易表现出相互推诿、步调不一致、音调不和谐的状况。有外国人曾经说过，中国人一个人是一条龙，三个人是一条虫；还有的人说，一个和尚挑水吃，两个和尚抬水吃，三个和尚没水吃。这些现象和问题与我们提倡的团队精神格格不入。

首先要认清自己在团队中的位置和作用。在市场经济的激烈竞争中，没有一个人可以单打独斗而取胜。因此，市场经济条件下的竞争，是一个团队综合素质和能力的竞争。因此，必须依靠团队的通力协作和不懈努力。我们不否认个人在团队中的重要作用，但是个人的能力是有限的，只有依靠团队的力量，依靠团队的群策群力、团结一致才能取得胜利。

老话说"红花还要绿叶扶"。人们总是赞美红花的美丽，而对衬托着红花的绿叶漠不关心。但是，一旦红花没有了绿叶的衬托，便显得伶仃无依，再也没有人赞美它了。一个人的能力再强，也必须置身于一个团队之中，才能发挥应有的作用。一个人成功的背后，有无数的人在为此而默默地付出和无私奉献。也可以说，没有绿叶的默默无闻，就不会有红花的美丽多姿；没有无数人的无私奉献，就不可能有某个人的成功。我们不应该忽视"绿叶"的存在，在敬仰"红花"的同时，也应该赞美"绿叶"，正是因为有了"红花"与"绿叶"的相互辉映，我们的团队才能取得辉煌的成绩，我们的企业才会更加富有生气与战斗力。

2. 增强团队意识必须正确处理个体利益与整体利益的关系

一般说来，员工的个人利益与部门利益及企业团队利益是一致的。但是，在某些特定的情况下又会发生一定的矛盾。个人利益必须服从团队的利益，这一点是毫无疑问的。在企业中，各个部门又是一个个的小团队。把企业作为一个整体来看待，企业与各个部门的关系应该是一个有机的整体，在企业内部，每一个部门就像整个链条中的一个环节，必须环环紧扣，才能满足客户的要求，实现企业的经济目标；同时又是大团队与小团队的关系，小团队应该服从大团队，小团队利益必须服从整体利益，企业才会有凝聚力和向心力，在市场经济中才会有具有竞争力。

但是，在实际工作中，我们往往会发现，在员工所处的部门利益与企业整体利益发生矛盾的时候，有的员工就会左右摇摆而处理不好这个关系，不能正确处理部门利益与整体利益的现象还是时有发生，典型的有以下几种情况：

有的人把部门利益凌驾于企业整体利益之上。表现在有的员工为了遮人耳目、蛊惑人心，往往会打着维护部门利益的招牌，而牺牲企业的整体利益，只顾部门利益，不顾或者损害整体利益是一种放大了的个人主义，说到底还是个人私利的思想在作怪；有的部门对上司的指示精神合意的就执行，不合意的就不执行。事实上，整体利益包含了部门的局部利益，在某种意义上说，损害了整体利益，也就是或多或少地损害了部门的利益，也同样损害了员工的个人利益。

有的人利用手中的权力为部门谋取私利。在现实工作中我们看见有的部门依托组织赋予的权力"靠山吃山，靠水吃水"，进行权力寻租，使部门权力利益化，部门利益个人化，为部门和个人谋取私利。这种行为不但损害企业的利益，有的还损害了顾客的利益，给企业造成了极坏的影响。

所以，每一个员工都要识大体、顾大局；要登高望远，不做井底之蛙。这样，我们才能正确处理好部门利益与整体利益的关系。

3. 增强团队意识必须反对"圈子文化"

中国人爱讲"关系学"，圈子文化就是中国"关系学"中的一个重要社会现象。形成各种圈子，有的以亲属血缘关系为脉络，有的以同学关系为中心，有的以同事关系为媒介，有的以老乡关系为理由，有的以战友之情为依据，以此种种关系打造的一个个边界明显、形态各异的大小圈子，形成了一个人际关系的网络。家乡人、同学情、战友情，如此种种，不一而足。很多人想尽一切办法"削尖脑袋"挤入各种圈子，在"圈子文化"的利益圈中，"背靠大树好乘凉"，只要加入小圈子，大家互相提携和照顾，排斥异己，形成利益共同体的小团伙，依靠圈子的力量实现自己的利益诉求。"圈子文化"表面上看其出发点是为了联络感情，增进友谊，或者是熟人好办事，但在利益多元化的当今时代，各种利益的交织让"圈子文化"逐渐演变为一种利益共享、利益交换的交情。

"圈子文化"所形成的"生态环境"，对一个单位的团队建设和企业文化建设会产生一种负面的冲击和不良的影响。在这个圈子中，只讲所谓的友谊，可以不讲原则；只讲小团体的利益，可以不顾及大集体的利益。这种畸形的人际关系网，不仅影响了人与人之间真诚相待的正常交往，还形成了个人主义和小团体主义至上的不良风气。

应倡导积极正向的团队文化。团队文化是指团队成员在相互合作的过程中，为实现各自的人生价值，并完成团队共同目标而形成的一种潜意识文化。团队文化包括团队精神、团队情绪、团队效率三个方面的要素：

团队精神是大局意识、协作精神和服务精神的集中体现。团队精神的基础是尊重个人的兴趣和成就。核心是协同合作，最高境界是全体成员的向心力、凝聚力，反映的是个体利益和整体利益的统一，并进而保证组织的高效率运转。团队精神是一种力量，是团队成员为了团队利益与目标而相互协作，共同承担集体责任，齐心协力，会聚在一起，形成团队成员共同认可的一种集体意识；是团队成员共同价值观和理想信念的体现，是凝聚团队、推动团队发展的精神力量。团队精神是员工思想与心态的高度整合，是员工在行动上的默契与互补，是"小我"与"大我"的同步发展，是员工之间的互相宽容与理解。

团队情绪就是团队成员面对与团队有关事件的内部氛围。在团队的管理中，营造一个使团队成员之间相互信任，坦诚、开放、平等地进行交流的氛围，能够增进人际关系，使成员身心愉快，参与愿望强烈，工作中充满热情与活力。在逆境之中，团队成员能够勇敢面对困难与挫折，团队内部士气高昂，团队成员不畏艰难挫折，时刻保持旺盛的斗志。因此，团队应该营造"既有民主，又有集中；既有个人心情舒畅，又有统一意志、生动活泼"的团队氛围。

团队效率就是团队成员经过努力达到所定目标的能力。非常著名的"木桶理论"可以说明这个问题：一只木桶想要盛满水，必须每块木板都一样平齐且无破损，如果这只桶的木板中有一块不齐或者是某块木板有破洞，这只桶就永远也无法盛满水。也就是说，一只木桶能盛多少水，并不取决于最长的那块木板，而是取决于最短的那块木板。换言之，这只木桶就好比团队，团队的效率取决于最短的那块木板。所以，团队的效率是一种团队成员共同的目标，同时又与每一个人的能力和素养密切相关。因此提高团队效率需要团队目标统一，分工明确，权责分明，同时也需要全体员工提高职业化素质，齐心努力，团结一致，创造性地解决问题，团队内部建立密切的联系，才能提高团队的整体效率。

团队文化建设是企业文化建设的核心内容。团队文化是团结和激励员工的精神力量。职业化员工应该积极投身于团队文化的建设，在团队文化的建设中，不断增强自身的团队意识。

第四节　职业习惯修养

职业化员工应该让优秀成为一种习惯！习惯也是一种惯性。惯性定律是世界上最伟大的定律之一，惯性的作用是巨大的。良好的职业习惯可以成就你的事业，铸就你的人生。因此，员工职业人生应该从职业习惯开始培养。在实际工作中，员工需要从简单的事情做起，并且重复去做并做好，长期坚持就可以逐渐养成良好的职业习惯。

一、认真工作的职业习惯

认真工作不仅是职业人的一种工作态度，也是一种工作习惯。全神贯注做好每一件事，对工作认真负责的人，会在日复一日的精细化工作中锻炼自己的灵魂，磨炼自己的性格，同时培养出合格的职业特性。养成认真做事的好习惯，将使你踏上成功之路，也将使你终身受用。

毛泽东说过，世界上怕就怕"认真"二字，共产党就最讲认真。认真做事是对一个职业化员工的基本要求，认真做事的员工才有发展的机会，而不认真做事的员工连机会都没有——因为即使给了你机会也抓不住！

1. 认真工作是对职业化员工的基本要求

认真工作的基本要求表现在两个方面：一是对工作精益求精；二是简单的事重复做不出差错。

· 对工作精益求精

2015年"五一"期间央视新闻推出了八集系列节目《大国工匠》，讲述了八位不同岗位劳动者，用他们灵巧的双手，匠心筑梦的故事。这群不平凡劳动者的成功之路，不是进名牌大学、拿耀眼文凭，而是默默坚守，孜孜以求，在平凡岗位上，追求职业技能的完美和极致。最终脱颖而出，跻身"国宝级"技工行列，成为一个领域不可或缺的人才。

精益求精首先体现为对工作的高标准、严要求和锲而不舍的精神。张东伟是沪东中华造船集团一位"80后"的焊工。LNG船是运送液化天然气的船，因为液化天然气要保持在−60℃极低环境运输，所以LNG船也被称为"海上超级冷冻车"。目前只有美国等少数国家能制造。殷瓦手工焊接是世界上难度最高的焊接技术，张东伟是少数掌握这项技术的工人之一。一条 LNG 船，有 13 公里必须采用殷瓦手工焊接，焊缝中只要有针眼大小的漏点，就有可能造成整条船的天然气爆炸，所以有人比喻 LNG 船是一颗会移动的原子弹。3.5 米的焊缝距离，走路可能只要 4 秒钟，但是焊接却需要 5 个小时，为了避免漏点，张东伟要求自己必须做到在焊接过程中不能有一丝停顿。张东伟的焊接不但全部符合质量要求，而且外观上也做到完美无缺。

精益求精还体现在对工作的专注和不断追求。高凤林是中国航天科技集团公司第一研究院 211 厂发动机车间班组长、特级技师。30 多年来，他几乎在做着同样一件事，即为火箭焊"心脏"——发动机喷管焊接，是发动机焊接的第一人。38 万公里，是"嫦娥三号"从地球到月球的距离；0.16 毫米，是火箭发动机上一个焊点的宽度；0.1 秒，是完成焊接允许的时间误差。"长征五号"火箭发动机的喷管上，就有数百根几毫米的空心管线。管壁的厚度只有 0.33 毫米，高凤林需要通过 3 万多次精密的焊接操作，才能把它们编织在一起，焊缝细到接近头发丝，而长度相当于绕一个标准足球场两周。在焊接时得紧盯着微小的焊缝，一眨眼就会有闪失。为避免一眨眼的损失，他练就了 10 分钟可以不眨眼的功夫。发动机被称为火箭的心脏，对于焊接工作来说，一点小小的瑕疵都可能会导致一场灾难。因此，焊接不仅需要高超的技术，更需要细致严谨。动作不对，呼吸太重，焊缝就不均匀了。从姿势到呼吸，高凤林从学徒起就接受到最严苛的训练。戴上焊接面罩，这只是一个普通的操作动作，但是对高凤林来说，却意味着进入到一种状态。

· 简单的事情重复做不出差错

简单的事情重复做不出差错就是不简单。世界上的成功者都是从简单的小事做起，只有能够把小事做好的人，才能够做大事；能够坚持不断做好小事，持之以恒，养成认真做事习惯的人，才能够做成大事。

一张宣纸从投料到成纸，要 100 多道工序，其中直接决定宣纸成败的工序就是捞纸。周东红，一名捞纸工，中国宣纸股份有限公司高级技师，全国

"五一劳动奖章"获得者，国内不少著名的书画家都点名要他做的宣纸。他和搭档每天的工作就是"捞纸"，两个人抬着纸帘在水槽中左右晃动，一张湿润的宣纸便有了雏形，整个过程不过十几秒。但是宣纸的好与坏、厚与薄、纹理与丝络就全在这一"捞"，周东红和他的搭档每天要重复这样的捞纸动作 1000 多次。周东红说，宣纸是老祖宗留下的东西，已经有 1500 多年历史了，一张宣纸从投料到成纸需要经历 300 多天，18 个环节，100 多道工序。现在他依然每天都要长时间下水捞纸。周东红说，要做好一件事，就必须勤学苦练。对老周来说，他捞每一张纸都融进了情感，也从中收获了快乐和成就感。

成功的秘诀就是简单的事情重复做而不出差错。许多成功人士的成功经历又何尝不是如此呢？他们就是立足本职，从具体的小事做起，通过日积月累，总结提高，才成了某个方面的专家。这些看起来简单的事情背后却蕴含着大学问，看似简单的重复背后却孕育着大智慧。在我们的工作中，只要肯用心，时刻能用那一双善于发现的眼睛去审视我们的每一项工作，就会发现我们每天简单的工作已不再枯燥乏味，而是在平淡里透着一份惊喜、一份幸福、一份期待。这样，我们每天都会以一种积极向上的心态来对待自己的工作，让自己在真正领略到工作中所透露的活力和韵味的同时，逐步收获属于自己的那份成功。

2. 认真工作必须克服国民的劣根性

胡适先生创作的一篇传记题材寓言《差不多先生传》，讽刺了当时中国社会那些做事不认真的人，现节选如下：

【案例 3-17】

差不多先生传

你知道中国最有名的人是谁？

提起此人，人人皆晓，处处闻名。他姓差，名不多，是各省各县各村人氏。你一定见过他，一定听过别人谈起他。差不多先生的名字天天挂在大家的口头，因为他是中国全国人的代表。

差不多先生的相貌和你和我都差不多。他有一双眼睛，但看得不很清楚；有两只耳朵，但听得不很分明；有鼻子和嘴，但他对于气味和口味都不很讲究。他的脑子也不小，但他的记性却不很精明，他的思想也不很细密。

他常说："凡事只要差不多就好了，何必太精明呢？"

他小的时候，他妈叫他去买红糖，他买了白糖回来。他妈骂他，他摇摇头说："红糖白糖不是差不多吗？"

他在学堂的时候，先生问他："直隶省的西边是哪一省？"他说是陕西。先生说："错了，是山西，不是陕西。"他说："陕西同山西，不是差不多吗？"

后来他在一个钱铺里做伙计，他也会写，也会算，只是总不会精细。十字常常写成千字，千字常常写成十字。掌柜的生气了，常常骂他。他只是笑嘻嘻地赔礼道："千字比十字只多一小撇，不是差不多吗？"

有一天，他为了一件要紧的事，要搭火车到上海去。他从从容容地走到火车站，迟了两分钟，火车已开走了。他白瞪着眼，望着远远的火车上的煤烟，摇摇头道："只好明天再走了，今天走同明天走，也差不多。可是火车公司未免太认真了。8：30开，同8：32开，不是差不多吗？"他一面说，一面慢慢地走回家，心里总不明白为什么火车不肯等他两分钟。

有一天，他忽然得了急病，赶快叫家人去请东街的汪医生。家人急急忙忙地跑去，一时寻不着东街的汪大夫，却把西街牛医王大夫请来了。差不多先生病在床上，知道寻错了人；但病急了，身上痛苦，心里焦急，等不得了，心里想道："好在王大夫同汪大夫也差不多，让他试试看罢。"于是这位牛医王大夫走近床前，用医牛的法子给差不多先生治病。不到一个小时，差不多先生就一命呜呼了。差不多先生差不多要死的时候，一口气断断续续地说道："活人同死人也差……差……差不多，……凡事只要……差……差……不多……就……好了，……何……何……必……太……太认真呢？"他说完了这句话，方才绝气了。

案例分析："差不多"先生害了别人，更是害了自己。可见"差不多"实为"差很多"。现实生活和工作中，我们看到不少的"差不多"先生就像我们的兄弟、姐妹，就在我们的身边，使我们心安理得，这就是中国人的劣根性。

鲁迅先生也说过，日本人可怕的是太过认真，中国人可怕的是太不认真。有人比较中日两个民族的认真精神时曾说：如果让一个日本人每天擦桌子六次，日本人会不折不扣地执行，每天都会坚持擦六次；可是如果让一个中国人去做，那么他在第一天可能擦六遍，第二天可能擦六遍，但到了第三天，可能就会擦五次、四次、三次，到后来，就不了了之。与日本人的认真、精细比较起来，中国人确实有大而化之、马马虎虎的毛病，以至于社会上"差不多"先生比比皆是，"好像"、"几乎"、"似乎"、"将近"、"大约"、"大体"、"大致"、"大概"、"也许"等，成了"差不多"先生的常用词。职业化员工应该养成"用事实说话，用数据表达"的职业习惯。德国人的严谨和日本人的精细，打造了世界的制造强国，在这方面我们不得不佩服他们，并很好地向他们去学习。海信集团董事长周厚健深有感触地说过一段话："考察了国外的先进企业，我们发现，我们绝不比外国人笨。我们清楚地知道该怎么做。问题是我们的一些企业有时并没有去做，不认真、不严谨像缺钙一样，成为一种司空见惯的通病，这是质量工作的大忌！他们的企业（比如奔驰和索尼）不仅在创立很短一段时间内就能够享誉世界，而且能够持续几十年声誉不衰，因为什么？接触过它们的人都能够得出这样的结论：因为他们诞生于一个严谨而勤奋的民族。"

现实工作中我们可以发现许多不认真做事的问题存在。比如，世界上一些先进的管理方法在中国的一些企业就是"水土不服"。20世纪80年代我国就开始学习引进和推行全面质量管理，20 世纪 90 年代世界上开始贯彻 ISO9001 质量管理体系的时候，我国也及时地进行跟进。不应该否认，我国在推行全面质量管理和贯彻 ISO9001 质量管理体系，对提高员工的质量意识和我国的质量管理水平、提高产品质量起到了较大的促进作用。但是，我们也应该看到，我国一些企业的质量管理工作是形式上到位，实际上并没有真正落实，全面质量管理和 ISO9001 质量管理体系在中国一些企业并没有得到有效贯彻执行。到这些企业可以发现，这些质量管理体系的文件是写在纸上、堆在桌上、挂在墙上，但却是没有真正落实到行动上。不是全面质量管理的方法不好，也不是 ISO9001 质量管理体系的标准不行，这些方法和标准之所以在我们国家的一些企业得不到有效贯彻和实施，一个根本的原因就是员工在执行过程中不认真。

"以铜为镜，可以正衣冠。"中华民族有许多优良的光荣传统，中国人民勤劳、勇敢、热情和友善等。但是作为一个真正的中国人，应该正视中国国民的劣根性——不认真的态度。勇于正视自己的不足，我们才能认真去检讨、去反思、去改正，这就是希望的开始。正如我国台湾著名作家柏杨说的，我所以敢指出中国人的缺点，正因为我是中国人。

3. 认真工作必须重视抓好质量

现代质量是一个大概念，而不仅指产品质量。企业给客户提供的是符合要求的产品，产品的生命力在于质量。但是产品质量来自于员工的工作质量，工作质量来自于员工的行为质量，也就是产品质量最终要靠员工认真的工作态度和行为来保证。

1994 年世界著名的质量管理大师朱兰博士正值 90 岁华诞之际，他在美国质量管理年会的告别演说中指出：20 世纪以"生产力的世纪"载入史册，未来的世纪是"质量的世纪"。事实完全证实了朱兰博士的预言。随着科学技术的发展，生产力得到了空前的发展，人类在 20 世纪创造了比在此之前总和还多得多的物质财富，但是在向科学技术进军的征途中，因为一点小小的质量问题就可能付出沉重的代价。1986年1月28日，美国第二架航天飞机"挑战者"号在进行第10次飞行时，从发射架上升空72秒后发生爆炸，价值12亿美元的航天飞机化作碎片，坠入大西洋，7名机组人员全部遇难，造成了世界航天史上最大的惨剧。这是美国进行25次载人航天飞行中首次发生在空中的大灾难。"挑战者"号的爆炸，使美国举国哀悼，华盛顿和其他各地均下半旗致哀。事故发生的原因经过查明，是因为一个价值仅几百美元的圆形橡胶密封圈失效，发射升空后发生燃料泄漏，泄漏的燃料被发动机的火焰引燃，火焰直喷燃料箱，持续高温引发燃料箱爆炸。还有我国前些年澳星发射失败就是因为一个细节质量问题：在配电器上多了一块0.15毫米的铝物质，正是这一点点铝物质导致澳星爆炸。正所谓"失之毫厘，谬以千里"。所以，要想保证一个由无数个零件所组成的机器的正常运转，就必须通过制定和贯彻执行各类技术标准和管理标准，从技术和组织管理上把各方面的细节有机地联系协调起来，形成一个统一的系统，才能保证其生产和工作有条不紊地进行。在这一过程中，每一个庞大的系统是由无数个细节结合起来的统一体，忽视任何一个细节或工作中稍有闪失，都会带来想象不到的灾难。因此，质量与我们每一个人密切相关；质量已经成为21世纪的重大命题；抓好质量也已经成为人们工作中的重大任务。

产品质量的差别主要在于细节，品牌与非品牌的差异也在细节。我们经常听到许多企业有这样的反映，它们的产品质量大问题没有，但小问题不断，最终导致市场的丧失，有人把这种现象戏称为"阴沟里翻船"。正如晚唐诗人杜荀鹤在《泾溪》中说的："泾溪石险人竞慎，终岁不闻倾覆声。却是平流无石处，时时闻说有沉沦。"

产品质量"零缺陷"的理论是被誉为"全球质量管理大师"、"零缺陷之父"和"伟大的管理思想家"的克劳士比在20世纪60年代提出的。克劳士比强调：工作标准必须是"零缺陷"，而不是"差不多就好"。"零缺陷"管理的核心是"第一次把正确的事情做正确"。要想第一次就把事情做正确就必须有认真的工作态度，严谨的工作作风。

纵观质量管理的发展历史，世界质量管理经历了质量检验阶段、统计质量管理阶段，目前正处于全面质量管理阶段，质量管理的方法也是多种多样的。但是不管处于哪一个质量管理阶段，也不论使用什么质量管理方法，都必须有认真的工作态度，严谨的工作作风。否则，再好的方法对于一个组织来说都是无效的。

二、用心做事的职业习惯

公司不怕员工做错事，只怕员工不用心做事。公司需要做事的有心人。用心做事，不仅是一个方法、一种技巧，更是一种态度、一种境界，是一个人不断完善自己的标尺。职业化员工应该养成用心做事的习惯，一个人如何成功、如何出色，一个重要方面就是指他做事是否用心。员工在一个岗位上就只要用心做事，什么样的工作都可以做得很完美。

用心做事表现在首先要善于用心观察，同时要善于用心思考。

1. 用心观察

用心观察的人做事有几个特点：一是善于从细微处发现问题，处处留心；二是善于抓住人和事的特点，牢牢记住；三是善于通过现象看本质，紧紧抓住。反之，不用心观察的人是有眼无珠，一叶障目，对所经历过的事情是稀里糊涂走过场。就拿旅游来说吧，有人说玩也要玩出个名堂来，于是事前查阅资料对旅游路线和景点进行初步了解，做好旅游前的功课；旅游过程中用心观察，饱览山水风光和风土人情，既陶冶了情操又受益匪浅。可是有些旅游者的旅游过程却是："上车睡觉，下车尿尿，到处拍照，回家啥都不知道。"可见是否用心去观察，收获与感受都不一样。

创新从用心观察开始。提起创新，许多人以为这只是那些学历高、掌握大量专业知识的科研人员的事情。事实上创新从诞生之日起就不是科研人员的专有权利，美国 18 世纪是发明的黄金年代，大量的发明都是由个人发明家完成的，他们是那个年代创新的主体。时至今日，个人发明家还在美国占据一席之地。我国的情况更是如此，1985～2008 年，民间发明在我国各年度专利申请总量的比例一直保持在 60% 左右，甚至在 1993 年达到了 72.9%，这些来自民间的"草根发明家"大多是工人、农民、社会人员或私营企业主，这都充分说明，创新并不只是科研人员的事；同时也说明，这些"草根发明家"能够创新，关键在于"用心"。

【案例 3-18】

瓦特发明蒸汽机的故事

在瓦特的故乡——格林诺克的小镇子上，家家户户都是生火烧水做饭。对这种司空见惯的事，有谁留过心呢？瓦特就留了心。有一次他在厨房里看祖母做饭，灶上坐着一壶开水，开水在沸腾，壶盖啪啪啪地作响，不停地往上跳动。瓦特观察好半天，感到很奇怪，猜不透这是什么缘故，就问祖母说："什么玩意儿使壶盖跳动呢？"

祖母回答说："水开了，就这样。"

瓦特没有满足，又追问："为什么水开了壶盖就跳动？是什么东西推动它吗？"

可能是祖母太忙了，没有功夫答对他，便不耐烦地说："不知道。小孩子刨根问底地问这些有什么意思呢。"

瓦特在他祖母那里不但没有找到答案，反而受到了批评，心里很不舒服，可他并不灰心。

连续几天，每当做饭时他就蹲在火炉旁边细心地观察着。起初壶盖很安稳，隔了一会儿水要开了，发出哗哗的响声。蓦地，壶里的水蒸气冒出来，推动壶盖跳动了。蒸汽不住地往上冒，壶盖也不停地跳动着，好像里边藏着个魔术师在变戏法似的。瓦特高兴了，几乎叫出声来，他把壶盖揭开盖上，盖上又揭开，反复验证。他还把杯子、调羹遮在水蒸气喷出的地方。瓦特终于弄清楚了，是水蒸气推动壶盖跳动，这水蒸气的力量还真不小呢。

就在瓦特兴高采烈、欢喜若狂的时候，祖母又开腔了："你这孩子，不知好歹，水壶有什么好玩的，快给我走开！"她漫不经心地说。

他的祖母过于急躁和主观了，这随随便便不放在心上的话，险些挫伤了瓦特的自尊心和探求科学知识的积极性。年迈的老人啊，根本不理解瓦特的心，不知道"水蒸气"对瓦特有多大的启示！水蒸气推动壶盖跳动的物理现象，不正是瓦特发明蒸汽机的认识源泉吗？

1769 年，瓦特把蒸汽机改成为发动力较大的单动式发动机。后来又经过多次研究，于 1782 年完成了新的蒸汽机的试制工作。机器上有了联动装置，把单式改为旋转运动完善的蒸汽机。

案例启示：一种日常的司空见惯的现象，许多人不以为然，但却使瓦特陷入了冥思苦想。不用说瓦特有太多的天赋，他来自于"草根"，他的创新来自于对日常生活的"用心"。靠瓦特的"用心"创新，人类开创了机器工业新时代，拉开了第一次工业革命的序幕。

2. 用心思考

用心做事一定要用心思考，就是做任何事情都要问几个为什么，不但要知其然，还要知其所以然，只有搞清楚事情的前因后果，来龙去脉，才有可能有的放矢，有效解决和处理问题。职场上面有的人进步快，有的人进步慢，根本的原因是有的人做事善于用心思考，有的人做事不动脑筋。

小王为什么没有得到升职的机会

行政部的小王这一段时间心中有些心思，原因是与小王一起进公司的好几位员工都已经得到了升职的机会，甚至连比他进公司更晚的员工也得到了重用，可他还是普通员工一个，心里非常郁闷，越想心中越不平衡。这一天，他终于鼓起勇气，走进老板的办公室，想找老板问一个明白，讨一个说法。

小王开门见山地说："老板，我有一个问题一直不明白，可以请教您吗？"老板正在埋头工作，看见小王进来立即抬起头来，非常热情地回答说："可以呀。"

"好。老板，我有过迟到早退或违纪的现象吗？"老板干脆地回答："没有。"

"那公司对我有偏见吗？"老板先是一怔，继而说："当然没有。"

"那为什么有的比我进公司晚的人都可以得到重用，而我却一直在原地踏步，干一些无关紧要的工作？"

老板一时语塞，然后笑笑说："你看，我这儿正好有个急事，请你帮我处理一下，回头我们再谈。怎么样？"老板接着说，"有家客户马上要到公司来考察，请你马上与客户联系一下，他们什么时候过来。"

"好吧。这么件小事情好办。"一刻钟后，他回到了老板的办公室。

"联系情况怎么样？"老板问。"联系到了，他们说下周二到公司来。"

"他们一行有几个人？""这个我没有问，您也没有交代呀。"

"他们是乘飞机还是坐火车？""这个您也没有交代呀！"

老板没有再问下去，他马上打电话把行政部的小张叫过来。小张比小王晚到公司一年，现在是该部门的经理助理。当着小王的面，老板布置了与小王同样的任务。不一会儿，小张回来了。

"老板，情况是这样的。"小张回答，"客户是周三下午 3 点钟的航班到。他们一行是 5 人，由他们公司的李科长带队。我说了，公司到时派车到机场去接他们。"

"另外，他们计划在公司考察两天，具体行程他们明天上午会传真过来。同时，他们5人中有2女3男，我也征求了他们的意见，可以给他们定2个标间，1个商务包间。为了工作方便，如果您同意的话，我的意见是否可以定我们公司附近的国际酒店？"

"还有，下周天气预报有雨，我会随时和他们保持联系，一旦情况有变，我会随时向您汇报。"

小张出去之后，老板拍了小王一下说："现在我们可以来谈谈你提的问题。"

"不用了，我已经知道原因了，打搅您了。"小王说完，就匆匆告辞走出了老板的办公室。

此时的小王已经明白：优秀的员工往往不是被动地等待被人安排工作，而是用心去做事，主动去了解自己应该做什么，然后全力以赴去完成。

案例启示：同样做一件事情，因为用心与不用心，所采取的方法和态度不一样，结果也大相径庭。如果我们只是努力地去做事，而不用"心"去做事，那么我们就不可能达到预想的结果。在现代企业中，员工不但要认真做事，而且要用心做事，才能成为企业真正需要的人。

三、文明礼貌的职业习惯

· 文明礼貌是一种职业习惯

文明礼貌是中国的传统美德。古人说："不学礼，无以立。"就是说，你不学"礼"，就没法在社会中立身。职场中的文明礼貌，它比最高的智慧和学识都重要。

但是，我们也经常会看到一些违背中国传统美德的不文明礼貌行为。在公共场合，文明礼貌的行为至少要做到"静"和"净"二字。所谓"静"

就是在公众场合不要大声喧哗；所谓"净"就是要爱护公共环境卫生。但是，我们却看到不少有悖中国传统美德的不文明行为。近几年随着改革开放和人们生活水平的提高，中国游客纷纷走出国门，中国游客在国外不讲文明礼貌的丑闻也屡见报端，有的游客破坏当地环境，不遵守当地的公共秩序，不尊重当地的风俗习惯，这些不良现象更引起国内舆论人神共愤。为什么中国游客一到国外就变坏了呢？实际上你仔细观察就可以发现，他们在国内的此类不端行为已经成为日常生活习惯的一部分，甚至成为自我优越感的一种体现。因此在国外的不良表现，正是一种习以为常的表现而已。有一次笔者在首都机场的候机厅就亲眼目睹了这样的一幕：有20多个来北京旅游的老大爷和老太太在候机大厅等候，他们也许是这一趟旅游玩得比较开心，或许是初次乘机比较兴奋，所以他们在候机大厅候机的同时，一边嗑瓜子一边兴奋地大声交谈，整个候机大厅只听见他们的欢声笑语。这时我看见一位坐在离他们不远处且在使用手提电脑的中年男子站起身来，走近他们身边用压低的声音问其中的一位老大爷："老大爷，你们是哪儿来的?"这位老大爷似乎非常自豪地回答说："我们是来自×××革命老区的!"中年男子略微停顿了一下："你是否可以告诉他们声音小一点?"老大爷先是一怔，后来似乎才明白过来，于是他立即转身示意大家声音要小一些。候机厅的喧哗声顿时就小了许多，可是过了还不到五分钟时间，这边的喧哗声又开始热闹起来。这时中年男子站起来，无可奈何地摇摇头，提着自己的行李和电脑悻悻地走开了。

文明礼貌是职业人必须具备的一种职业习惯。现实日常生活的不良习惯也同样会反映到工作之中，形成不良的职业习惯，这是职场之大忌。比如，有的员工不能做到文明办公；办公场所和生产场所脏乱差等。因此，我们不能漠视多年以来我们对中国传统美德教育的缺失，注重培养文明礼貌的职业习惯是职业化员工的必修课。

·如何培养文明礼貌的职业习惯

人们常说"言为心声"、"形为内现"。英国的弗兰西斯·培根说得好：

"行为举止是心灵的外衣。"文明礼貌的职业习惯是高尚美好心灵的体现。从表面看,文明礼貌是外在的,实际上外在的形式下蕴藏着内在思想和情感。真正讲文明礼貌的人,是有着美好心灵的人。

中国是有着传统文明的礼仪之邦。中国传统文化的"温、良、恭、俭、让"是一种美德和心态,是一种智慧,是一种境界,是一种成熟,需要长期坚持修炼。礼仪和形象是通向成功的阶梯。职场中职业人的优秀品德和人格力量,可以获得人们的信赖、尊重、支持和帮助,也会帮助职业人事半功倍。

在职场中,礼仪和形象是给人的第一印象,也是心灵的外观表象。言谈举止不仅反映人的基本素质,也体现对他人的尊重,同时是待人接物的一种润滑剂。

尼克松曾这样评价周恩来同志:"周恩来的敏捷机智大大超过我知道的其他任何一位世界领袖。这是中国独有的特殊的品德,是多少世纪以来的历史发展中中国文明的精华结晶,他待人很谦虚但很沉着坚定。"周恩来同志的文明谈吐、礼貌举止和他所具有的令人折服的气质和风度,正是他那高尚的品德、宽阔的胸襟、超群的智慧、美好高尚心灵的生动体现。

· 职场微笑是职业人的一项技能

雨果说过:"有一种东西,比我们的面貌更像我们,那就是我们的表情;还有另外一种东西,比表情更像我们,那就是我们的微笑。"无论是否从事推销职业,我们每个人都应该学会微笑、利用微笑。很多人投资大量时间和金钱去学习各种技能,而很少有人花一点时间来学习微笑这种"技能"。而这种不花钱,只要用心就能学会的"技能"为我们带来的价值同样不可低估。

职场中的真诚微笑是一种无形的力量。当你取得成绩的时候,同事之间的真诚点头和微笑是赞许和鼓励;当你遇到困难和挫折的时候,同事之间的握手和微笑是加油和鼓劲;无论职场中同事之间有过什么样的误会或不经意的伤害所造成的不悦,假如见面主动报以真诚的微笑和问好,"相逢一笑泯恩仇"，一切误会和不悦将也会化为乌有；当你面对客户的时候，真诚的微笑代表的是友谊和热情；当你面对合作伙伴的时候，真诚的微笑是信任与担当的象征。

四、善于沟通的职业习惯

1. 善于沟通是职业人的一项基本功

沟通是职业人的一项基本技能。在职场中沟通需要有两种能力，一种是文字表达能力，文字表达能力是对自己的积累进行选择、提取、加工、改造的能力；另一种是语言表达能力，就是用语言来进行沟通和表达意愿及情感的能力。作为一名职业化员工，必须学习和掌握这两种能力。然而，需要经过长期的艰苦磨炼，才能做到说话出口成章、写文章信手拈来，并逐渐养成一种职业习惯。

如何提高文字表达能力？有人说"文如其人"，文字表达能力是一个人文化和思想水准的反映。因此，要有好的文字表达能力，不仅需要不断提高自己的文化水平和思想水平，还需要多动脑，勤动手，需要勤学苦练。

"读万卷书，行万里路。"写作的源泉来自于现实生活，首先要注意观察和感受生活，参加社会实践，这样我们才能从实践中获取精神食粮和材料，写出的文章才有深刻的思想意义。《红楼梦》中的一副对联"世事洞达皆学问，人情练达即文章"说的就是要明白世事；掌握规律就是学问，恰当处理问题，懂得道理，总结出来的经验就是好文章。

"读书破万卷，下笔有如神。"通过广泛地读书，我们才可以博采众长，学习别人的经验和知识以及别人的写作方法和技巧，这样我们写作就能做到运用自如，熟能生巧。

语言表达能力同样非常重要。卡内基说过，一个人成功的85%是靠他的人际沟通和演说能力，只有15%跟他的专业技能有关。列宁也说过，语言是人类最重要的交际工具。事实证明，有许多人才就是通过参加演讲比赛、工作汇报的发言而得到大家的公认。演讲是科学也是一门艺术，"听君一席话，胜读十年书"，有一些人通过沟通或听精彩的演讲，深受教育和启发并有了顿悟，一下就打开了心灵的一扇窗口，开辟了新的人生之路。从某种意义上来说，演讲能力也是职业化员工的一种竞争力。

那么如何提高演讲能力？口才并不完全是一种天赋，提高口才需要从培养个人的自信心，锻炼其思维、心态、学识与表达等多方面的能力着手，同时需要刻苦训练。古今中外一切口若悬河、能言善辩的演讲家、雄辩家无一不是靠刻苦训练而获得成功的。我们要想练就过硬的口才，必须像他们一样，勤学苦练。唐代诗人杜甫在诗歌创作中十分重视语言的选择和锤炼。他说的"语不惊人死不休"一语道破古代文人对于文学创作的态度。他们追求一种高境界，为写出美文佳作，呕心沥血，反复锤炼。

因此，沟通是职业化员工的基本素质要求。沟通是文化的交流，是情感的共鸣。在知识经济和信息化时代，沟通更需要科学的技巧和正确的方法。职业化员工应当把沟通作为我们职业人生的一堂重要的必修课，认真学习和掌握。

2. 有效沟通是企业管理成败的关键

沟通有两个"70%"的说法：第一个说法是经理人70%的时间用于沟通方面；第二个说法是企业70%的问题是由于沟通障碍引起的。这两个说法都说明了这样一个事实：在企业，职业人每天都必须花费大量的时间和精力解决沟通的问题。

沟通就是执行力。企业执行力不好，其中很重要的一个原因就是执行者没有很好地理解领导或他人的意图就开始操作或误操作。一些企业的执行力不够，并不是员工不努力，而是沟通不到位。所以，从某种意义上来说，沟通是执行的前提。企业在经营管理和日常事务中，由于人与人之间、部门与部门之间缺乏有效沟通和交流，常常会遇到一些摩擦、矛盾、冲突、误解。这将影响到公司的氛围和员工的士气以及组织的效率，使企业难以形成凝聚力，人为内耗成本增大，甚至导致企业死亡。在企业，每一项经营管理事务都需要人去调研、决策、执行、反馈。人是企业最珍贵的资源，也是最不稳定的资源，关键在于开发和整合，因为人是有感情、有思想的，其行为无不受到观念和情感的支配。因此，内部沟通具有日益重要的战略意义，它有利于企业文化氛围的形成，有利于职能部门之间的协作配合；有利于员工共识的实现，形成统一的价值观和强大的凝聚力；有利于满足员工的心理需要，实现自主管理和人本管理；有利于调动员工参与公司经营管理的积极性和创造性。

职场沟通是协调工作、赢得信任、建立良好关系的手段和基础。沟通无处不在，是双向互动的行为，也是学习、交流和协作的平台。有团队、有管理，就必然需要沟通，沟通能减轻摩擦、化解矛盾、消除误解、避免冲突，发挥团队和管理的最佳效能。通过与上级沟通，接受指令，明确要求，下情上达，提出建议；通过与同级沟通，达到相互支持、相互协调；通过与下级沟通，把自己的意志转变为下属的行动；检查工作，提出要求。企业有凝聚力才会有战斗力，当企业处于不利的市场环境威胁甚至面临危机时，会造成员工士气普遍低落，产生群体离心力，这时要使广大员工做到"气可鼓而不可泄"，就需要大范围地交流沟通，鼓动斗志，激励信心；当企业有重大举措，如领导班子更替、经营战略重大调整、大项目上马、新规章制度出台等，除商业秘密外，事先要尽可能地让更多的员工知情、参与，听听他们的意见和建议；决策后，要迅速做出详细的解释说明，排除员工的疑虑，统一认识，坚定信心。"人上一百，形形色色"，由于员工的思想观念、价值取向、知识结构、性格气质、思维能力、工作方法等方面存在个性差异，甚至在一个团队内部存在巨大差异时，必然导致相互不理解、不信任、不合作，造成各自为战的紧张关系。这时需要及时进行沟通疏导，属于思想观念和工作态度的，要进行耐心细致的说服教育和帮助引导；属于人际关系问题的，要巧妙地去协调，化解矛盾。

有效沟通是职业人成功的重要因素。对管理人员而言，沟通是一种领导能力，就是管理者通过沟通让自己的意图由执行人在具体实施中得到实现。有效的沟通才能保证正确领会对方意图，明确相关要求，达到工作的预期目的。但是，正如我们住的房子越来越好，可是与邻居的交往却越来越少一样，我们所处的信息时代，沟通的工具和手段越来越先进，但是我们有效沟通的能力却在下降。

美国普林斯顿大学对一万份人事档案进行分析，结果发现，"智慧"、"专业技术"和"经验"只占成功因素的25%，其余75%取决于良好的人际关系。

哈佛大学就业指导小组1995年调查结果显示：在500名被解职的男女中，因人际沟通而导致工作不称职者占80%。

综上可见，沟通是企业管理的重要方式，有效沟通是我们事业成败的关键。我们必须重视沟通，提高沟通的有效性。

3. 职场中如何进行有效沟通

职场中要进行有效沟通，良好的心态是基础。因此员工在进行交流的过程首先必须调整心态：

· 从封闭心态转化为开放心态

心态封闭的人对问题的看法是老眼光、旧思维，以静止的眼光看问题，把一些问题看成是一成不变的，对问题的看法老是转不过弯来。开放的心态则是开阔视野，以动态、包容和发展的眼光看问题。

技术人员小万大学毕业后在原国有企业的技术处工作已经三年时间了，工作能力平平，也没有做出过什么突出的成绩，还有比较清高、性格比较孤僻的毛病。后来他停薪留职，到深圳的一家外资企业工作去了。三年后这家国有企业进行了改制，这个已经外出三年的技术人员小万重新回到了该企业的技术处上班。但是他刚回来上班时并没有得到部门的重视，一度还被打入冷宫；后来该处的处长经过一段时间的观察和交流，发现小万不仅在业务上已经有了较大的提高，尤其在思想观念上也已经有了很大的变化。于是该处处长安排小万担任一个重点技术开发项目的负责人，小万不仅出色地完成了任务，而且还培养了几个年轻人。以后小万又陆续为企业主持开发了多个新产品，为企业带来了可观的经济效益。事后该处长深有感触地说，以老眼光看人，会把人看死，既贻误了企业，也贻误了人才。

· 从自负心态转化为真诚心态

自负的人心高气傲，自视过高，喜欢抬高自己贬低别人，把别人看得一无是处，总认为自己比别人强很多；有的固执己见，唯我独尊，总是将自己的观点强加于人。持这种心态的人往往居高临下，盛气凌人，不可能进行有效沟通。唯有放下架子，以平等的姿态与人相处，才能与人进行推心置腹的真诚交流。

· 从自卑心态转化为自信心态

心态自卑的人在公众场合往往表现出胆怯、害羞和脸红，往往对于人际关系格外敏感，也就是人家说的"脸皮儿太薄"。从心理学上讲，这类人太在意别人对自己的看法，而对自己缺少应有的自信。不敢当众表达自己的感受，不仅自己活得很累，也让别人感到不舒服。卡耐基还说："世界上没有一点都不胆怯、害羞和脸红的人，包括我自己。人人都有，只是程度不同、持续的时间长短不同而已。"所以，我们必须学会增强自信心，以积极向上和充满自信的心态出现在公众面前，我们在交流的过程中思路才会更清晰和更开阔，演讲和说话才会更加流畅并迸发激情。

要进行有效沟通，方法是重要桥梁。因此，员工在进行交流的过程中，必须要讲究方法。

•把握沟通的对象、时机和场合

把握沟通的对象、时机和场合，沟通才能更有针对性和有的放矢，才能收到更好的效果。

沟通应该因人而异。根据沟通的对象不同，采取的沟通方式和方法也应不同。同时，沟通应该把握时机和场合。沟通的时机和场合与氛围有关，会产生不同的条件反射，选择不同的时机和场合进行交流，沟通的效果是不一样的。比如对有些错误现象涉及的人和事，要根据错误的大小和不同性质做出具体分析，以如何达到最好的教育效果为目的，采取不同的批评教育方式。比如有的需要在公开的场合进行公开点名道姓进行批评，有的应采取对事不对人的公开批评，有的则需要采取个别谈话的方式进行批评帮助；对有些人的批评需要直截了当、反复敲打，但对有的人则只要旁敲侧击，点到为止。

•如何与你的上司有效沟通

与你的上司进行沟通应该做到："请示工作先提建议，汇报工作先说结果，回答问题开门见山，工作进展及时反馈。"

请示工作先提建议——请示工作时要让上司做选择题和判断题，不要让上司做问答题。作为下级，你对自己的工作最了解，对于自己工作中遇到的问题，首先应提出自己的意见和建议，请领导决策。假如在请示工作时不能提出自己的建议和意见，无非有两种可能，第一种情况是工作中的无能；第二种情况是没有用心工作。久而久之，你非但不会得到重用，而且上司可能会对你的工作能力产生怀疑，使你的工作前途蒙上一层阴影。

汇报工作先说结果——当你汇报工作时，你的上司首先最想知道的是工作结果。因此，你在向上司汇报工作时应该首先报告结果，必要时再汇报过程。所谓必要时是看交流时上司的意愿如何，当上司需要进一步了解其过程和相关事宜，他一定会向你提出相关问题，在这种情况下你就可以对该过程或相关问题展开必要的阐述。

回答问题开门见山——对于上司的提问，我们的回答应该直截了当、简明扼要。回答上司的提问不要兜圈子、卖关子。这样做的目的首先是表示对上司的尊重，同时也有利于节约领导的时间和精力。否则，你可能会给上司留下做事含糊、不干净利索的印象。因为上司的工作涉及面广，工作时间比较紧凑，因此喜欢得到的回答是直奔主题、直截了当。同时回答问题开门见山的人，给人的印象是高效率、办事果断，更容易得到上司的关注。

工作进展及时反馈——应该主动向你的上司报告工作进度和结果。管理上有句名言：下属的报告永远少于我们的期望。上司总是希望从下属那得到更多的报告。因此，做下属的一定要主动报告自己的工作，尤其是上司直接向你布置或比较关注的工作，不仅要及时报告工作的结果，有的还要及时报告重要的工作节点进展情况，使上司对关注的事情心中有数。

·如何与你的同级有效沟通

在实际工作中，部门之间、本部门员工之间、不同部门员工之间的交流会经常发生。如果凡是部门与员工之间的工作事无巨细都要请上司出面协调，那可谓是上司的最大悲哀。如果我们做到"交流中以诚相待、谈工作主动帮助、谈问题自找差错、谈成绩主动谦让"，我们部门之间和员工之间不但能建立良好的协作关系，而且还能做到有效沟通。

交流中以诚相待——交流过程应该坦诚、真挚，实事求是。有的人当面一套，背后一套，见人说人话，见鬼说鬼话，见风使舵、油腔滑调，那将被同事所唾弃。交流以诚相待首先应该不说假话，但是不需要别人知道的东西也不要全部告诉别人，正如有的人"优点是实在，缺点是太实在"一样。因为以诚相待不应该损害别人，但是也要注意不被别人伤害。

谈工作主动帮助——工作中主动帮助是建立良好沟通的基础。有的事情本来很好沟通，但是由于同级之间日常工作中相互不买账而产生隔阂，可能使本来很好沟通的事情变得复杂起来。工作之中同级之间需要伸出友谊的双手，相互支持、相互帮助。帮助别人就是帮助自己，与人方便也会使自己方便；工作中把困难留给自己，把方便留给别人，是一种做人的坦荡和胸怀，也是一种高尚的职业道德。有的部门与部门之间关系比较难协调，一定是该部门负责人的思想和工作作风问题；有的员工人际关系很紧张，可能是他的胸襟太狭隘。这些员工日常工作关系处理不好，必然会使人际关系紧张，也就会给有效沟通设置障碍。

谈问题自找差错——工作中遇到问题，有的员工采取的方法是先发制人，首先指责别人；有的员工首先是推卸责任，申明"这不是我的事"、"这事与我无关"。正确的态度是首先各自检讨自己工作中可能存在的问题，而不是忙于指责，也不是推卸责任。自找差错体现了一个员工敢于担当和积极解决问题的态度，不但不会丢面子，反而会得到别人的尊重和赞赏；自找差错不仅有利于问题的查找和解决，同时也利于营造良好的交流氛围。

谈成绩主动谦让——在荣誉面前让，在困难面前上，体现的是一种高风亮节！这种谦虚礼让的精神在员工中得到弘扬，我们就能造就一种更加和谐的内部环境。有了这样的环境，员工同级之间就有了更好的沟通氛围，沟通起来就更加通畅且效率更高。

·如何与你的下属有效沟通

与你的下属进行沟通，应该"换位思考谈问题，认真倾听多启发，批评应该讲事实，表扬可以凭印象"。

换位思考谈问题——作为上司与你的下属进行交流，不能光站在自己的角度，居高临下，发号施令。一定要设身处地地站在下属的立场去分析他的想法是否有道理，他为什么会这样想问题，才能做到沟通的针对性和有效性。同时沟通从关心下属的困难和切身利益开始，才能有效打动你的下属，引起下属的思想共鸣。这时我们再进一步切入工作中的有关问题，可以收到更好的沟通效果。

认真倾听多启发——认真倾听不仅是对下属的一种尊重，也是一种好的沟通方式。有时可能你的下属并不需要从你这儿得到什么，当你能够静心把他的话认真听完，他会感到这是上司对他的一种信任；当下属把内心的话都倒给你的时候，他就会感到最大的满足。同时，认真听完下属的倾诉，当你了解他的真实想法以后，也能够有针对性地进行沟通与交流。

批评应该讲事实——批评是为了教育人。因为"惩前毖后，治病救人"是批评的出发点，所以批评应该讲事实，要以数据说话，用事实描述，慎用形容词汇，不要扣帽子，不能打棍子，才能使被批评的对象口服心服；否则，批评就会收到事与愿违的效果。

表扬可以凭印象——表扬是为了激励人。因为"表彰先进，鼓舞斗志"是表扬的出发点。所以表扬可以凭印象，既可以对事也可以对人，同时也可以对表扬对象所体现的精神拔高一步来进行宣传，并在公开场合或采用多种形式进行大力宣传，这样可以进一步起到提气的作用。

五、善于学习的职业习惯

1. 学习能力与个人职业竞争力

职业化员工成长的过程就是学习的过程。学习前人的经验，可使我们站在前人的肩膀上，少走弯路，为我所用；学习新的知识，使我们吸取新的营养，吐故纳新，跟上时代步伐并有所创新。世界上唯一不变的东西就是变化，只有在变化中不断学习，才能适应新的变化；你不能改变环境，只有改变自己，改变自己必须通过学习来实现。

人的认识高度取决于思路，思路来自于视野。而人的视野不仅来自经验，更来自于学习。有这样一个故事：两只狼来到草原；一只狼很失落，因为它看不见肉，这是视力；另一只狼很兴奋，因为它知道有草就会有羊，这是视野。每个人都有眼睛，但不是都有眼光；每个人都有脑袋，但不一定都有智慧。人与人之间最大的区别不是视力上的差距，而是视野上的差距。视力和视野的区别就在于，视力只能看到当下，视野才能看到未来；视力只能看见现状，视野才能看清目标；视力可以看到一样的东西，视野却可以看到不同的世界。学习拓展了人们的视野，丰富了我们的头脑，借助人的想象力来实现我们的双眼不能洞察的事物和现象，亦即视力所不能达到的距离。人的视力是有限的，而视野是无限的。当我们用深邃的眼光去认识世界和寻找未知领域的时候，我们的视野就会变得清晰和开阔起来。有人说微软创立者比尔·盖茨之所以能成为世界首富，是因为他的远见卓识、视野开阔。比尔·盖茨的视野让历史一再证明微软是最聪明的平台供应商，它在抢占战略制高点的同时，总能将战略投资的风险巧妙地转嫁到硬件制造商头上；无论是 PC 还是手机，众多硬件厂商所做的种种努力，几乎都在帮助微软销售平台操作系统，一步步拓展战略市场。

学习能力是职业人必须具有的特征。当今的时代是学习能力的时代，而不再是学历年代，学历是有保质期的，学习能力则有源源不断的知识再造能力，学习能力是最可贵的生命力，有了学习能力才会有技术创新，才会有管理创新，因此学习能力比学历更重要。一个人的知识世界能够和世界接轨了，那他做出的每个决定、每个决策将会站在更高的高度，将会紧紧把握时代发展的脉搏、紧紧衔接着这个世界的发展。企业也只有拥有这类人才才能平稳发展，才能走得更远。

学习能力决定员工的职业竞争力。当今时代，成功的关键不在于你现在多么的强大，而取决于学习和改变的速度。当今的时代是一个竞争的时代，是一个快速变化的时代。在这个时代中，有太多的机遇接踵而来又稍纵即逝，既若隐若现又瞬息万变，谁能抓住机遇，谁就能取得成功。成功的关键取决于谁适应变化的能力更快一些；适应变化的能力就是学习的能力。总而言之是谁的学习能力更能适应新的变化，谁就能在市场竞争中以快制胜。

2. 培养善于职业学习的习惯

职业学习应该成为职业人的一种工作和生活方式。在学习中工作，在工作中学习，使学习成为职业习惯，一个人在不知不觉中就这样改变了自己的

員工職業化修养

生活，同时也改变了自己的人生。

· 要提高员工学习的自觉性

首先要通过确立职业目标来提高员工学习的自觉性。鸟欲高飞先振翅，人求上进先读书。唐宋八大家之一的欧阳修说："立身以立学为先，立学以读书为本。"学习的原动力，来自于个人进取的愿望和职业生涯的目标。因此，在找准自己职业定位的基础上，就应该确立自己的学习目标，从踏上工作岗位开始，就要通过自己工作将实践的学习和理论知识的学习相结合，不断吸取前人的经验，并通过自己不断地思考，来提升自己的学习能力和知识水平。

其次是通过工作压担子来提高员工学习的自觉性。压担子就是在实际工作中交任务、提要求，员工要不断去学习才能完成组织交给的工作任务，否则就不能够适应工作的需要。只有使员工感到肩上有工作压力，有学习的需求，他们才会有学习的动力。压担子是立足岗位成才，促进职业学习的有效方法。

最后是通过考试和考核来提高员工学习的自觉性。俗话说"农民怕草，学生怕考"。人的惰性决定了考试和考核是促进学习自觉性的一种有效方法。比如政府有关部门组织的技术职称考试、技师和技术工人等级考试、特种作业人员资格考试；企业组织的技能比赛、企业文化考试、专业培训考试、技术职称和技术等级年度聘用考核、年终工作考核等，虽然各种考试的名目繁多，但都不失为一种促进员工学习的动力。还有一种在实际工作中行之有效的方式，就是对外出参加开会和培训的员工，建立学习汇报或者给其他员工进行学习培训并对他们的汇报和培训情况进行评价的制度，这样派出开会或学习的员工就会有一定的压力，这样做的好处既可以对外出开会和学习的成果进行共享，同时对派出开会或学习的人员也是一种考试和考核。总之，学习需要通过考试和考核来促进，作为一个职业化员工，就是要干到老，学到老，考到老。

· 140 ·

·要激发员工的学习兴趣

俗话说"兴趣是最好的老师"，孔子说"知之者不如好之者，好之者不如乐之者"。有些员工对学习缺乏兴趣，学习对他们来说不仅是一种负担，甚至是一种很痛苦的事情。一个人假如没有学习的兴趣和愿望，就没有学习的积极性，那么不论学习什么，都得不到应有的效果。有一次我对一位车间生产一线的班组长说，请你或组织人员把最近班里的好人好事写一份宣传报道，在公司的报刊上好好宣传一下。可不管我怎么说，他都不答应，最后甚至以求饶的口吻对我说："我们实在是没有写稿件的兴趣和能力，你就原谅我们吧。我们宁愿加一个班也不愿意写一篇文章。"看来，要他们写这篇宣传稿件确实是勉为其难了。现实工作中这样的人还不在少数。那该如何引导和培养员工的学习兴趣呢？

一是加强对员工学习内容的引导。知识是一个广泛的范畴，人们的爱好也有一个广泛的范畴。因此对员工学习的引导要因人施教。人们的心理是"越喜欢，越专注"，要根据个人的兴趣特点和文化程度等选择不同学习主题和方向，做到因材施教。

二是加强对员工学习方式的引导。员工的在职学习方式是多种多样的。除了个人自学和日常的部门或班组学习以外，企业可以采取请进来、走出去的方式组织员工学习；同时要善于运用大家关心的热点和焦点问题，或者根据员工所从事的专业，也可以利用员工身边发生的事情组织员工自己编写培训教材、宣传报道、演讲稿等，通过自我教育的方式进行学习引导；还可以通过选拔和组建企业的内部讲师队伍，激发员工的学习兴趣。

三是对员工学习取得的成绩及时给予鼓励。比如鼓励自学考试，对自学考试成绩合格者企业报销学习费用；对取得技能比赛的优胜者给予奖励和晋升的机会；对参加培训考试名列前茅的人员给予精神和物质的奖励等。通过这些奖励措施，不仅能更好地营造企业的学习氛围，同时也是对学习成绩优秀者的肯定和鼓励，从而使他们再接再厉，激发更大的学习热情。

总之，只有提高了员工的学习自觉性和学习兴趣，才会使员工产生学习的愿望和动力，才能进一步激发员工学习的热情，才能使员工变"要我学"为"我要学"，这样的学习才能收到更好的效果。

3. 培养个人知识管理的习惯

个人知识管理是一种新的知识管理理念和方法，能将个人拥有的各种资料、随手可得的信息变成更具价值的知识，最终运用于自己的工作、学习和生活中。通过对个人知识的管理，人们可以养成良好的学习习惯，完善自己的专业知识体系，提高自己的学习能力和职业竞争力，为实现个人价值和可持续发展打下坚实基础。

个人知识管理是一种学习能力。当今的时代是一个知识爆炸的时代，是知识经济的时代，据有关人员预测，知识迅速地创造和传递，使每五年就将人类的知识翻一番。员工需要打造个人竞争力，个人竞争力的源泉则是个人知识力，即个人知识的"学习、保存、共享、使用和创新"的能力。我们经常会佩服有的人工作能力很强，实际上就是他的学习能力很强，而学习能力则来源于他运用和管理个人知识的能力。

个人知识管理是一种学习方法。通过个人知识管理可以使我们学会管理自己的知识，应该按照"方法简单、安全实用、查找快捷"的原则对自己的知识库进行分类和管理，通过个人知识管理可以使我们的工作效率更高。在现实工作中我们经常可以发现有的人电脑中的文件资料管理混乱，有时要找一个文件就像是在大海中捞针，急得满头大汗，半天都找不到要找的文件；而有的人对电脑中的文件管理得井井有条，对其中的资料调用可以说是心中有数，信手拈来。总之，个人知识的"学习、保存、共享、使用和创新"，就是通过"学习"不断获取新的知识并对文档及时进行"保存"，才能有利于对知识资源进行"共享"，同时对知识"使用"起来才能得心应手，在使用的基础上我们再不断进行知识的"创新"。

　　个人知识管理是一种学习习惯。通过个人知识管理可以使我们养成良好的学习习惯，良好的学习习惯有利于提高自身的学习能力。现在许多人的工作都离不开个人办公电脑，我们不妨借用"5S"管理中的概念和方法，每天坚持对电脑中"待处理"文件夹中的资料按照"整理、整顿、清扫、清洁、素养"的原则进行处理，分门别类对文件进行归档，在清理过程中看看今天哪些工作已经完成，明天哪些工作还要继续，哪些工作需要检查落实。通过这样的梳理，能够使我们的工作思路更加清晰，工作更有条理，从而做到有条不紊，忙而不乱。

表3-2 "5S"管理的内容和目的

工作项目	内容	目的
整理	将待处理文件夹中的文件资料区分为有必要的和无必要的；把必要的资料留下来，将不必要的资料删除	腾出电脑储存空间
整顿	将需要的文件资料分门别类依规定的文件夹进行存放，并进行有效标识	使电脑中的文件资料管理一目了然；让寻找资料的时间最少，提高工作效率
清扫	将不需要的文件资料从"回收站"中彻底删除，对电脑进行杀毒	消除不必要文件资料占用电脑的内存空间；保持电脑处于安全使用状态
清洁	将以上的做法制度化、规范化，并贯彻执行和保持	通过制度化来形成习惯，及时对电脑中的文件资料进行整理
素养	按规定做事，养成好的习惯	提升个人素养

　　由此可见，个人知识管理是一种职业习惯的良化，员工的职业化发展与个人知识管理密切相关。通过个人知识管理，可以更好地使员工养成职业学习的良好习惯；良好的学习习惯将进一步提高员工的学习能力和职业竞争力。

第四章　员工如何提高职业化修养

提高员工职业化修养是企业文化建设的重要内容，也是新形势下企业思想政治工作的重要内容。为此我们需要去不断探索，不断创新，不断付出努力。

员工要经营自己必须首先会管理自己的职业人生。员工职业化修养是管理自己的有效方式，通过职业化修养不断磨炼心智、完善人格，才能不断提高自己的职场竞争力。

"提高职业素养，提升职业人生，充实快乐自己。"职业化修养贯穿在每一个员工的职业化生涯中，需要我们每一个员工在实际工作中付诸实施。同时，职业化修养不仅会给你的职业人生带来极大的变化，也将使你的整个人生受益匪浅，使你的人生更加充实和更富有意义，因此是值得每一个员工终身努力去做的事情。

第一节　制定目标——激励员工职业化修养

一、员工职业化目标的作用

职业化目标是人生的职业坐标，为员工的职业化人生指明前进的方向。

德鲁克说:"并不是有了工作才有目标,恰恰相反,有了目标才有工作。"每一个人都要清楚自己成长的人生轨迹:明白你从哪里来,才知道自己要到哪里去;知道要到哪里去,才有可能到达那里!

职业化目标是员工成长的原动力,为员工指明职业化的前进方向;鼓舞职业人生的斗志。一个具有理想和抱负的员工,在确立了他的职业化人生目标以后,就会产生自我奋进的力量,并愿意为此付出不懈的努力。有的员工工作中之所以进取心不够,其根本原因是没有一个明确的职业化发展目标。目标是一个号角、是一面旗帜,它激励着人们下定决心,不怕牺牲,排除万难去争取胜利。正如每个人都需要有梦想一样。有梦想就有盼头,有梦想就有希望;希望点燃了人们的热情,希望鼓舞了人们的斗志,人们将为此而不懈努力,去实现自己的梦想!

回忆自己走过的职业人生,参加工作以后跨进大学之门是笔者职业发展的一个重要转折点。1968 年在知识青年到农村去,接受贫下中农再教育的浪潮中,还是一个初中毕业生的我就响应号召到农村插队劳动了。说是初中毕业,实际上当时只读了初中一年级课程学校就停课闹革命,开始搞"文化大革命"了。在农村插队劳动期间,我对自己的职业人生目标还是比较迷茫的。1970 年下半年我进工厂当了工人,这在当时已经是非常令人羡慕的工作了。进工厂不久,我先后入团入党,并先后担任了工厂的团总支副书记、车间党支部书记,成为企业最年轻的中层管理干部。不久以后,我国高校开始恢复招收大学生。因此我心中重新点燃了从小的一个梦想——一定要上大学。但是我的这个想法遭到了较大的阻力,先后有三次上大学的机会都被工厂领导否决,理由是我当时正担任企业的中层干部,如果我上大学走了,一时难以找到接替工作的合适人选;再其次是我的父亲,一个新中国成立前参加革命工作并担任该地区某国有大型企业的党委书记兼厂长的人,对我要求上大学也持有不同意见,他认为现在工厂领导对我不错,工厂目前也非常需要我,如果上大学离开现有工厂就是辜负了领导对我的期望;他还以自己的工作成长经历来说明，只要听组织的话努力工作也一样是大有前途的。但是我从小就喜欢学习并一直学习成绩优秀，而且认定将来要实现"四个现代化"没有文化知识是不行的，所以下定决心一定要上大学。后来，领导和父亲看见我已经铁了心，无奈之下最后也就同意了。但是我的文化程度低、基础差，怎么办？在当时还是"读书无用论"的年代，我为了实现自己的这个愿望，在下定决心要上大学的前几年就暗地里一直坚持业余自学和上夜校，通过几年的努力，终于学完了初高中的全部数学和物理课程以及大学的一些专业基础课程，为此被有的人指责是走"白专"道路，对我的入团问题还多考验了半年时间。但是我一直坚持自己的目标不放松，最终实现了自己的大学梦。时过境迁，回想走过的这段路程，我感到自己当初的选择没有错。多年以后我父亲对我说，你当初上大学的选择是对的。

二、如何制定职业化目标

1. 制定职业化目标要符合自身实际

首先要选择自己所从事的职业，才能制定职业化的发展目标。在选择自己的职业和制定职业化目标时，应根据自身实际量体裁衣。可以从以下几个方面对自己问几个为什么：

——我是谁（你拥有的硬件：比如学历、职称，以及自身条件如性别、年龄、身体条件等）？

——我想干什么（把理想与兴趣及爱好结合起来进行综合考虑）？

——我能干什么（指你拥有的软件：工作能力、工作经历和工作经验以及学术或技术水平等）？

——环境支持和允许我干什么（环境主要包括两个方面：一是当前社会的政治与经济环境以及国家的相关政策；二是指社会环境中个人所拥有的人脉和关系资源）？

——我应该放弃什么（结合以上的考虑进行利弊权衡并对自己应该从事的职业和职业化目标做出选择。一个人应该学会放弃，放弃需要有更大的勇气和智慧，只有懂得放弃才能有效地得到和拥有）？

——我的职业化目标规划和生活规划是什么（在此基础上，才能提出符合自己实际的职业化目标规划；职业化目标规划与生活规划有着紧密的联系，有什么样的职业化目标规划就会选择相应的生活规划，同样选择什么样的生活规划也与相应的职业化目标规划密切相关）？

【案例4-1】

爱因斯坦的职业奋斗目标

爱因斯坦一生所取得的成功是世界公认的，他被誉为20世纪最伟大的科学家。他之所以能够取得令人瞩目的成绩，和他一生有明确的奋斗目标是分不开的。

他出生在德国一个贫苦的犹太人大家庭，家庭经济条件不好，加上自己小学和中学的学习成绩平平，虽然有志往科学领域进军，但是他有自知之明，知道必须量力而行。他进行自我分析：自己虽然总的成绩平平，但对物理和数学有兴趣，成绩较好。自己只有在物理和数学方面确立目标才有出路，其他方面是不及别人的。因而他读大学时选读瑞士苏黎世联邦理工学院物理专业。

由于目标选得准确，爱因斯坦的个人潜能得以充分发挥，他在26岁时就发表了科研论文《分子尺度的新测定》，以后几年他又相继发表了四篇重要科学论文，发展了普朗克的量子概念，提出了光量子除了有波的形状外，还具有粒子的特性，圆满地解释了光电效应，宣告狭义相对论的建立和人类对宇宙认识的重大变革，取得了前人未有的显著成就。可见爱因斯坦确立目标的重要性。假如他当年把自己的目标确立在文学或音乐上（他曾是音乐爱好者），恐怕就难以取得像在物理学上那么辉煌的成就。

为了阐明相对论，他专门选学了非欧几何知识，这样定向选学法，使他的立论工作得以顺利进行和正确完成。如果他没有意向创立相对论，是不会在那个时候学习非欧几何的。如果那时候他无目的地涉猎各门数学知识，相对论也未必能这么快就产生。爱因斯坦正是在 10 多年时间内专心致志地攻读与自己的目标相关的书和研究相关的目标，终于在光电效应理论、布朗运动和狭义相对论三个不同领域取得了重大突破。

特别值得一提的是，爱因斯坦不但有可贵的自知之明，而且对已确立的目标矢志不移。1952 年以色列鉴于爱因斯坦科学成就卓越，声望颇高，加上他又是犹太人，当该国第一任总统魏兹曼逝世后，邀请他接受总统职务，他却婉言谢绝了，并坦然承认自己不适合担任这一职务。确实，爱因斯坦是一位伟大的科学家，是他终生努力奋斗才实现了这个目标。如果他当上总统，那未必会有多大建树，因为他未显示过这方面的才华，又未曾为此目标作过努力和奋斗。

案例启示：在人生的竞赛场上，没有确立明确目标的人，是不容易得到成功的。许多人并不乏信心、能力、智力，只是没有确立目标或没有选准目标，所以没有走上成功的途径。这道理很简单，正如一位百发百中的神射击手，如果他漫无目标地乱射，也不能在比赛中获胜。

2. 制定职业化目标要树立正确的职业观

员工在制定职业化目标时，应该把自己放在整个现实的历史条件下，顺应时代的发展潮流，并以正确的价值观和人生观为指导，才能更好地实现自己的人生价值。鲁迅先生把自己比作人民的"孺子牛"，以笔作刀枪抨击旧中国人们的愚昧和制度的腐朽，为唤醒沉睡的中国大声疾呼；雷锋同志把自己比作"一颗永不生锈的螺丝钉"，把有限的生命投入到无限的为人民服务之中。人的生命和能力是有限的，只有把自己投身到历史的洪流之中，顺应历史的发展潮流而动，你才能在历史的长河中涌现出美丽的浪花，才能做出自己应有的贡献。

【案例 4 – 2】

马克思在选择职业时的考虑

1835 年秋天，马克思中学毕业前夕写了一篇名为《青年在选择职业时的考虑》的作文，发表了一些重要见解，表达了为人类服务的崇高理想。

当时，马克思和他的同学就要毕业，面临着升学和就业的问题，大家都在考虑自己的前途。有的人希望成为诗人、科学家或哲学家，献身文艺和学术事业；有的人打算充当教士或牧师，幻想天堂的幸福；有的人则羡慕资产者的豪华生活，把舒适享乐作为自己的理想。总之，他们从利己主义出发，以个人幸福作为选择职业的标准。

马克思与其他同学的想法不同，他没有考虑选择哪种具体职业，而是把这个问题提高到对社会的认识和对生活的态度上加以考虑和回答。

在毕业作文中，马克思写道：人与动物不同，动物完全依赖自然的生活条件，只能在自然提供的一定范围内活动，而人却能掌握自己的命运，有选择的自由。这正是人比动物优越的地方。但是，如果认为生活在社会中的人们能够不受任何限制、随心所欲地自由选择职业，那就完全错了。人们在选择职业时，正如人们在社会上的其他活动一样，并不是完全取决于自己的希望和志愿，而要受到自己所处的社会地位和社会中的关系的限制。他说："我们并不总是能够选择我们自认为适合的职业：我们在社会上的关系，在我们有能力对它们起决定性影响以前就已经在某种程度上开始确立了。"这是一种非常深刻的思想。在这里，马克思已经把人们的活动、人们的职业与人们在社会上的关系联系起来。后来马克思在许多著作中进一步发展了这一思想。

马克思认为，选择职业是关系到个人生活目的和生活道路的重大问题。

因此，不应该为一时的兴趣、渺小的激情、个人的虚荣心所左右，而必须采取严肃的态度，"选择一种使我们最有尊严的职业；选择一种建立在我们深信其正确的思想上的职业；选择一种能给我们提供广阔场所来为人类进行活动……的职业。"

马克思认为，在选择职业时，还必须清醒地估计自己的能力。那些较多地研究抽象真理，而不大深入生活本身的职业，对青年来说是危险的，因为这会使他们脱离现实，一事无成。只有那些能深入生活，把理想与现实、思想与行动紧密结合起来的职业，才是一个有为的青年所向往的。只有这样的职业，才有可能发挥自己的才能，对人类做出有益的贡献。

马克思还认为，在选择职业时必须考虑的最重要的原则，是生活和工作的目标。一个人如果仅从利己主义的原则出发，只考虑如何满足个人的欲望，虽然也有可能成为出色的诗人、聪明的学者、显赫一时的哲学家；可是，他绝不能成为伟大的人物，也不能得到真正的幸福。他的事业是渺小的，他的幸福是自私的。一个人只有选择为人类服务的职业，只有为人类最大多数人的幸福而工作，才是高尚的人，才能得到真正的幸福，才有不可摧毁的精神力量。马克思说，"历史承认那些为共同目标劳动因而自己变得高尚的人是伟大人物；经常赞美那些为大多数人带来幸福的人是最幸福的人"，"如果我们选择了最能为人类福利而劳动的职业，那么重担就不能把我们压倒，因为这是为大家而献身；那时我们所感到的就不是可怜的、有限的、自私的乐趣，我们的幸福将属于千百万人，我们的事业将默默地但是永恒发挥作用地存在下去，而面对我们的骨灰，高尚的人们将洒下热泪"。

案例启示：为人类服务，这是少年马克思的崇高理想，也是马克思在中学毕业作文中所阐述的主要思想。在漫长的斗争岁月中，他始终不渝地忠实于少年时代的誓言。他的一生，就是为人类服务的最光辉的榜样。员工在制定职业化目标时，应该学习马克思的人生观和价值观，树立崇高的理想和信念，更好地体现自己的人生价值。

三、职业化目标的实施与管理

1. 目标要远大，行动要具体

目标要远大就是既要有职业规划的远期目标，又要有分步目标和近期目标。远期目标和近期目标要紧密结合，近期目标的实现是为远期目标的实现打下基础，远期目标是为近期目标指引方向。目标的实现要一环紧扣一环，一步一个脚印，脚踏实地地向前迈进，最终到达胜利的终点。

行动要具体就是要制定出实现近期目标的具体措施。具体措施一定要具有可操作性，并且要定期进行检查，发现问题及时进行纠偏并采取补救措施。

2. 认准目标朝前走，咬定青山不放松

认准目标首先要坚定自己的信念。坚定的信念来自于睿智的眼光、洞察力和勇气。在第一次国内革命战争时期，当革命处于低潮和极端艰难困苦的条件下，有人提出"红旗到底能打多久"的观点时，毛泽东深刻分析了中国的红色政权为什么能够存在的现实环境，提出了"以农村包围城市，最后夺取全国胜利"的战略思想，指出"星星之火，可以燎原"，并预言新的革命高潮必将到来，满怀豪情地说道："它是站在海岸遥望海中已经看得见桅杆尖头了的一只航船，它是立于高山之巅远看东方已见光芒四射喷薄欲出的一轮朝日，它是躁动于母腹中的快要成熟了的一个婴儿"；在抗日战争时期，由于中日军事力量的对比悬殊，不少人悲观情绪严重，亡国论甚嚣尘上。毛泽东深刻分析了国际反法西斯的形势和中日之间的综合实力，提出了"论持久战"的战略思想，指出中国人民必然会取得战胜日本帝国主义的最后胜利，历史充分证明了这一点。因此，职业化员工要树立坚定的信念，就要做到行动自信、目标自信。

坚定信念，认准目标就要坚定不移地走下去，坚持到最后就是胜利。在人生的职业化道路上和职业化目标实施过程中，从来就没有平坦的大道，崎岖不平的道路上充满着荆棘和泥泞，充满着风险与挑战。在困难面前，有人会感到灰心和失望，也有人会感到困惑与彷徨，因此有人就会望而生畏，裹足不前，一遇到困难就容易产生动摇甚至打退堂鼓。有时，最困难的时候往往也是转折的关键时刻，在这样的关键时刻，千万不要轻言放弃，否则就会半途而废，前功尽弃；在这样的关键时刻，胜利也往往已经向我们招手。只要我们不被困难和挫折所吓倒，不为此而退缩，有敢于拼搏的决心和一往无前的勇气，那么，我们的目标就一定能够实现。

第二节 从细节入手——培养员工职业化修养

重视工作细节管理，不仅是打造产品质量的关键所在，有利于提高员工职业化能力，也是提高员工职业化修养的关键。

职业人比其他人做得更专业的地方更多地体现在工作细节方面。员工要提高职业化修养必须从工作细节入手，培育职业化的行为规范。也正如泰豪集团有限公司董事局主席黄代放所说："从细节开始铸造品牌力，力图构建品牌溢出效应，以期形成不可复制的差异化竞争优势。"

一、从工作细节管理中培养员工的责任感

培养员工的责任感必须从工作细节抓起，使员工从每一件应该由自己做的工作具体细节中感到"这是我的责任"、"我做的事情我负责"。但是有的领导往往在工作中是越俎代庖，亲力亲为；有的领导甚至认为，给下属说应该如何做不如自己顺手做完省事，由此包办代替应该由下属来做的事情，看

起来是关心和爱护下属，实际上是害了别人。

在日常生活中，也不乏此类事情的发生。有这么一篇文章《许多爸妈不知不觉中在培养白眼狼》：

星期天的晚上，饭菜已经上桌，我呼唤女儿："吃饭啦。""等一下"，她答。我先吃了，几分钟后，女儿走过来，看了一下桌子，问："我的饭呢？"伴随着的是一副愤愤不平的神情。

我心里一惊。她的表情，她的诘问明明在告诉我：你应该为我盛好饭的，为什么不给我盛饭呢？七岁的她有一双好手，她明明可以自己盛饭，为什么觉得我理所当然得替她盛饭呢？

我立即找到了原因。虽然我一直警告我不要替孩子做太多，让孩子学会为自己负责，但是我仍然和许多母亲一样，不知不觉替孩子做得多了点。以前我一直替她盛饭，以至于她认为这件事是妈妈应该为她做的，所以我一直以来替她盛饭，她反而因为今天没有替她盛饭而不满起来。是啊，既然是妈妈应该做的，她怎么会感激呢？

我意识到这是在助长女儿的"受之无愧感"，"受之无愧感"是指，某人觉得是别人欠了他东西，或者认为别人必须给他特殊待遇。有这种倾向的人认为别人（尤其是亲近的人）应该给他想要的东西，别人给了，他觉得那是人家应该做的，他不知感恩；别人没有给，他就认为别人太不应该，于是就心生不满和怨恨。

我可不想将女儿养成白眼狼。我养育她是我做母亲的责任，不图她的回报。但是如果她长大后认为我替她所做的一切都是理所当然的，如果我哪天做少了，或者不做，她就怨恨我……如果发生这些，那是我的悲剧。

于是，我告诉她，妈妈刚才反思了一下，可能我以前一直替你盛饭，使你觉得为你盛饭是妈妈应该做的。我觉得这样很不好。从今天开始，盛饭就是你自己的事，应该由你自己盛。从那以后，我更加警惕是否替她做了太多，经常提醒自己不要替她做她分内的事情，让她承担起家庭一员的责任；在我们劳动的时候，邀请（并要求）她帮忙，让她体会到我们劳动的辛苦；教导她表示感谢。如果她表示了感谢，她会得到更多，如果她没有感激之心，下次我不再替她做那件事；物质方面减少满足，让她懂得并不是她想要的任何东西都可以得到。

我看到许多父母不知不觉在培养着白眼狼。他们替孩子们做得太多，上学或放学路上，大多数孩子的书包都由父母背着，孩子心安理得空着手走；衣来伸手，饭来张口，不用干家务，只要搞好学习；物质享受被过分满足。这些都在助长孩子的受之无愧感，今天他认为你应该为他背书包，明天他就会认为你应该为他找工作、买车子、买房子。如果某天你给不了他想要的，他就要心生怨恨了。

读完这篇文章，感触颇深，给笔者以极大的教育和震撼。俗话说，严是爱，宽是害。以上这个案例让父母警醒，教导孩子学会负责、懂得感恩多么重要。否则，父母的溺爱将会使孩子丧失正常的能力，始终不成熟、没有责任感，最终将使孩子一辈子一事无成。美国加利福尼亚州立科技大学心理学教授肖恩·伯恩博士经过多年的研究将溺爱子女的行为称为"拖累症"。拖累是一种病态的人际关系，由一方在各方面帮助、支持、照顾另一方，包容其不健康或者不负责任的行为，还替其承担各种后果，结果却导致后者失去正常的能力，始终不成熟、没有责任感，变得一事无成、做事拖延、自暴自弃，甚至连身体健康都很糟糕。拖累的关系到最后会因为帮助方身体、心理、经济能力被消耗殆尽而终止，双方由此反而产生相互怨恨。

是啊，工作中又何尝不是这样的道理。员工应该从具体小事开始做起而不是由上司来包办代替，从工作细节开始认真做好，才能学会担当。一个不愿意做小事和不善于细节管理的人不可能承担责任，也不可能做成大事。所以，员工的责任意识就要从工作小事开始培养，从工作细节开始形成。当员工学会从工作小事和细节开始敢于承担责任，并成为一个人的工作态度和生活方式，他的责任感意识就会成为一种习惯，就会在工作中自然而然地担负起责任，认真而仔细地把工作做好，而不是马虎了事去应付差事。当一个人自觉自愿去做一件事情的时候，他不但不会感到是一种负担，也不会感到烦恼，而感到的是一种责任。因为他深切地感到：这是我的工作，这是我应该做的！

二、从工作细节管理中培养员工的职业素养

1. 通过"6S"活动的细节管理，培育员工的职业化素养

"整理、整顿、清扫、清洁、素养、安全"被称为"6S"。"6S"活动源于日本丰田公司的一种现场管理方法，多年来已经从制造业扩展到生产、服务以及社会生活的各个领域，并得到广泛的推广和应用。"6S"活动不仅是我们加强现场管理的有效手段和方法，同时也为我们提供了一种提高员工职业化修养的好方式。

"6S"活动的核心目的是提升员工的职业素养。通过创造一流的环境来教育人、感染人、熏陶人、培养人；通过创造环境的变化来创造人的变化，来教育人、管理人和改造人，最终目的是提高人的素养，形成认真而严谨的工作氛围。一个不具备认真和严谨工作态度的员工不可能有缜密的思考，而一个思想不够成熟的员工是不可能做出突出成绩来的。有的人认为"6S"活动就是打扫卫生。如果这样理解，要么是一种片面的认识，要么是一种无知的表现。"6S"管理是企业管理的基础，"6S"管理做不好的企业不可能生产出高品质的产品。同时"6S"活动可以培养员工追求细节，追求卓越的精神。"6S"有明确具体的做法，什么物品放在哪里、如何放置、数量多少合适、如何标识等，简单有效，且能融入日常工作中。让每个员工自觉约束自己的行为，久而久之就能实实在在地提升人的品质。所以"6S"活动不是单

纯地打扫卫生，而是通过对现场的管理帮助我们克服旧的陋习，培养好的工作行为习惯，提高员工的职业化素养。

通过"6S"活动可以培育员工的职业化素养。"6S"活动必须贯彻自主管理的原则，即通过员工自己动手来实现自我管理和细节管理，必须由"要我干"转变为"我要干"；由"要我改善"转变为"我要改善"。因此"6S"活动需要每一个员工从自己做起，持之以恒，通过现场的"6S"管理和长期不懈的努力来培养一个人良好的工作习惯。但是有的人认为"工作忙，没有时间做'6S'管理"。"6S"管理就像我们吃饭睡觉一样，是每个人每天必须要做的事情之一。时间是挤出来的，就看你愿意做还是不愿意做，愿意做的人就有时间，不愿意做的人永远没有时间；还有的人认为他们都是管理人员或技术工人，每天做"6S"管理就是大材小用。"6S"管理是上至每一个管理人员，下至每一个普通员工的分内事情，必须亲自动手，别人无法替代。日本千叶县某干胶印刷厂在推行"6S"管理的过程中，职员经常在试探社长的心思，并非常敏感地在观察、打听工厂的动向。如果社长真的下决心推进"6S"的话，那么，所有的员工也会马首是瞻。社长经过一番思考后，开始亲自清洁坐便器。早上他比谁都早到公司，一个人去擦洗坐便器，直到擦得雪亮发光，并用自己的舌头去舔，以证明确实擦干净了。他这样默默地做了一年，结果等来了机会和运气，也打动了大家，印刷厂从此也开启了通向良好前途的入口。

2. 通过每天工作的细节管理，培育员工的职业化素养

于细微处见精神。员工在工作中的言谈举止都能反映一个员工的职业化修养程度。不管是好的言行还是不良的言行，都是通过日常的行为养成的。因此，"勿以恶小而为之，勿以善小而不为"，员工的职业化修养应该从每一天的工作、每一天工作的细节管理、每一天的自我管理抓起。表4－1中是我们日常工作中经常发生的情景：

表4-1 日常工作中常发生的情景

情 形	正确举动
早会/见面	问好、回应
作业	严格遵守流程、严格遵守时间
沟通	要制定规程，保持沟通渠道 要有一个好的心态 要讲究方式
会议	准备充分、准时开会、会务高效
资料	分门别类、标识清晰、及时归档
工作安排	服从企业利益、确保完成业绩

但是对于每天周而复始的一些工作和职场礼仪，有的员工却不以为然，认为是小题大做，多此一举；有的员工甚至认为是装腔作势，故弄玄虚。怎么来看待这些问题呢？让我们来看看解放军为什么要练队列、叠被子、整内务，这些工作与战斗力有什么关系呢？

部队里有一句话叫作"出门看队列，进门看内务"。练队列向军人强化的是队列意识，也就是服从命令意识，军人必须以服从命令为天职，即令行禁止。所以队列就是战斗力的体现，队列的练习是为了体现军队是一个团结协作的整体，体现军人雷厉风行，令行禁止的工作作风，也是体现一支部队纪律意识和整齐划一的一致性；叠被子能形成军人追求整齐划一的良好习惯，培养军人一丝不苟的战斗作风。《中国人民解放军内务条令》明确提到"被子竖叠三折，横叠四折，叠口朝前，置于床铺一端中央"。叠被子可以反映一个军人的作风和基本素质。

实际上走队列、叠被子、整内务都是在完成一个军人的"基础格式化"，用军队的术语叫"养成教育"。实现这个过程，光靠宣传和说教是不行的，只有通过走队列、叠被子、整内务这种军营生活中的一点一滴，通过长期做一些很不可理解甚至很烦很抵触的事情，才能形成一种服从命令的本能和潜意识。在日常生活的每一个部分都做到令行禁止，就能形成条件反射和思维定式，战斗中才能做到一切行动听指挥。

加强工作中的细节管理，那些看起来极不靠谱的小事，每天周而复始地反复做，并不是故意刁难，而是在培育员工对工作认真负责的态度，对客户认真负责的精神。这些态度和精神会在工作中不经意流露出来，使你的同事和客户对你产生看法，包括好的看法和不好的评价。因此对于一个职业化员工来说，注意从每天的待人接物等工作细节上培育职业精神，并不是小题大做，而是完全必要的。

3. 通过工作流程的细节管理培养员工的职业化修养

确定工作流程是培养员工职业化素养的制度化保障。完善的工作流程首先要标准化，只有标准化才能保证工作规范化；其次工作流程要细化，只有细化才能保证工作不会出现纰漏。

严格遵守工作流程是培养员工职业化素养的重要途径。每一个员工都要明确职责，要按照流程的要求保证圆满完成任务。在制度的约束下，员工才知道应该做什么、怎样去做，天长日久，习惯就成自然。

【案例4－3】

《麦当劳手册》的细节魅力

麦当劳是劳动密集型企业，生产和服务都十分简单，它的管理精髓都集中在细节管理上。

麦当劳的总裁佛雷德·特纳把麦当劳战胜竞争者的原因归功于细节。他说："我们的成功表明，我们的竞争者的管理层对下层的介入未能坚持下去，他们缺乏对细节的深层的关注。"

麦当劳始终不断地把各种管理流程细节化，这种方式需要麦当劳的员工付出大量的学习时间和工作强度。举个例子来说，一位麦当劳的员工曾表示："我刚去麦当劳时，他们给我一顶小白帽子，让我从最简单的工作做起——

炸薯条，然后让我去做奶昔，就这样一直做到烤圆面包和牛肉饼。我们休息只能在一间小屋子里待着——而且此时也不放过培训——里面有一台电视和一台录像机，不停地放着强调麦当劳做事方式的宣传片——如何更好地做一个汉堡、如何保持薯条松脆，诸如此类。"

为了把细节做得更完美，麦当劳有一个创举式的方法，它费尽心机编写了《麦当劳手册》，这本书是他们把细节管理做到极致的体现。这本书包含了麦当劳所有服务的每个过程和细节，例如"一定要转动汉堡包，而不要翻动汉堡包"，或者"如果巨无霸做好后10分钟内没有人买，法国薯条做好7分钟后没人买就一定要扔掉"。"收款员一定要与顾客保持眼神的交流并保持微笑"等，甚至详细规定了卖奶昔的时候应该怎样拿杯子、开关机器、装奶昔直到卖出的所有程序步骤，麦当劳现在还在不断地改进和增补这本书的内容。现在，麦当劳的每一家连锁店都要严格按照这本书操作。正是这本书的推行，使麦当劳的所有员工都能各司其职、有章可循地工作，即使是新手，也能借助这本书迅速学习和操作，保证任何人都能在短时间内驾轻就熟，胜任岗位，实现"谁都会做、谁都能做"。

如此关注细节，如此规范细节，正是这种对细节的关注程度，使得麦当劳的特许连锁经营方式迅速发展起来。麦当劳的连锁经营有四个特点：标准化、单纯化、统一化、专业化。标准化要求连锁店在店名、店貌、设备、商品、服务等方面，完全符合总部制定的规则，达到麦当劳所认证合格的水准。单纯化要求连锁店各个岗位、各个工序、各个环节运作时，尽可能做到简单化、模式化，从而减少人为因素对日常经营的影响。统一化要求连锁店在经营过程中，将广告宣传、信息收集、员工培训、管理经营方针等做到协调一致，整齐划一。专业化要求连锁店将决策、采购、配送、销售等环节统统细化，不同职能截然分开。这四个方面其实都是细节，因为只要贯彻其中任何一个思想，中间都有无数的细节需要被严格执行。最大限度地追求完美服务，关注经营过程中的每一项细节，这是麦当劳正在做，还将永远做的。可以说细节是麦当劳管理思想的精髓。

案例启示：麦当劳流程管理的奥秘就是"细节"，而且麦当劳把这种管理复制到了中国，靠的是流程化的工作制度保障和工作流程的执行到位。这就说明，中国人也能够做好"细节"。产品品牌与非品牌的差异在细节，职业化员工的工作和其他员工的工作差异也在细节。

第三节　善于总结——提高员工职业化修养

一、通过总结提高自己的悟性

悟性是通过不断总结发掘出来的。"悟性"即"领悟出来的知识、才能、见解"。"悟性"重在一个"悟"字上。这个"悟"就是去总结，就是对所见所闻和所经历的事情经过自己的大脑去进行分析思考，找出一些规律性的东西，加以归纳和提炼，形成自己的知识、才能和见解。就像我们吃食物一样，必须经过细嚼慢咽，并经过自己的胃和肠道的消化，才能被身体充分吸收，补充我们身体所需要的营养和热能。只有通过思考和提炼，我们才能悟出道理，实现从感性认识到理性认识的飞跃，才能加深对事物本质的认识。

悟性是对职业化人生进行深层次的思考和总结。智商更多的体现是人的现实思考能力，人的思考潜能是无限的，职业化的员工应该善于挖掘自己固有而未被开发的潜在能量。所以在职业化的道路上应积极主动地去思考，而不是被动地思考，不断提高思考的质量，从而实现你的职业目标和雄心壮志，令你做出更明智的决定，更明智地运用自己的思考能力，而不是被他人所左右。思考是痛苦的，它让你感到惆怅和孤独；思考是快乐的，它让你享受愉悦和幸福。迷茫的人生需要思考，一旦思考明白，就像看见太阳每天重新升起一样，你就会有勇气和力量，就能去改变你的命运；职场的困惑需要思考，一旦思考明白，你将会感到茅塞顿开，豁然开朗，感到心情无比轻松与快乐。

悟性是对从事的事业和工作进行深层次的思考。人生的成功在于思考。"师傅领进门，修行在个人。"有些人整天忙忙碌碌，工作虽然非常辛苦但却进步不大，因此这种人即使工作到老，也不能领悟出什么东西；相反，有些人可能开始什么事情都不懂，但他们在干中学，学中干，勤于探索，用心思考，因此他们可以快速培养出很强的悟性。只有善于思考的人，才能超越别人。阿里巴巴的创始人马云在1994年开始听说互联网，1995年初他偶然去了一次美国，在朋友的介绍和帮助下开始认识互联网，从美国回来以后马云开始涉足电子商务，先后创办了阿里巴巴、淘宝网、支付宝、阿里妈妈、一淘网、阿里云等国内电子商务知名品牌，创建了一个完善的电子商务体系和全球最大的电子商务帝国。他的成功在于创新，创新源于深刻的思考。

二、通过总结提炼自己的工作经验

1. 经验是总结出来的

经历只是一个过程，经历不等于经验。经验是人们通过各种感官从外部客观环境中所得到的认知。如果这种认知没有经过更深入的思考加工，那么充其量就是各种信息的集合，是零散的、无序的堆积。我不能将这种认识简单地停留在集合状态，一定要经过认真筛选和过滤，进行抽象和总结，才能提升为经验。毛泽东在《实践论》中说："感觉到了的东西，我们不能立刻理解它，只有理解了的东西才能更深刻地感觉它。"这说明人的认识从感性开始，但是要深刻地认识事物的本质，不能完全停留在事物认识的感性阶段，必须提高到理性认识的阶段。必须进行不断的实践和深刻的总结思考，才能由感性认识提升到理性认识，才能加深对事物本质的了解和理解。对事物本质理解得越深刻、越清楚，对它的感觉就越清晰、越深刻。因此我们不能只凭感觉做事，必须把握事物的内在规律和本质，才能上升为理论；只有善于对经历进行总结的人，才能把感性的认识提高到理性的高度，才能形成经验。

我们说经验是总结出来的，并不是说不要经历。经历是经验的必要条件，但不是充分条件。我们要知道梨子的滋味，必须要亲口尝一尝。只有亲身参加生产和经营工作的具体实践，才能了解生产和经营工作的实际情况，掌握第一手的资料，才能做到心中有数和有深切的体会和感悟，才能拥有真实的感性认识，否则，就是无源之水，无本之木。所以我们说培养一个职业经理人不容易，就是说必须把这个人放到企业生产经营不同的层级和岗位去锻炼，才能使他全面了解企业，才能使他的能力得到全面的提升；我们说培养一个高素质的技工人才需要一个过程，就是说他必须有处理过各种复杂技术问题的经历，只有见多识广，才能使他不断在业务上逐渐成熟和积累经验。

2. 如何总结经验

总结可以运用归纳或演绎的方法对已经获取的信息进行加工处理。归纳法就是把分散的信息进行归拢概括形成有条理的东西，并由一系列具体的事实概括出一般原理的推理方法；演绎法就是从普遍性的理论知识出发，去认识个别的、特殊现象的一种逻辑推理方法。归纳法是从认识个别的、特殊的事物推出一般原理和普遍事物；而演绎法则由一般（或普遍）到个别。这是归纳法与演绎法两者之间最根本的区别。但是归纳和演绎这两种方法既互相区别、互相对立，又互相联系、互相补充，它们相互之间的辩证关系表现为：一方面，归纳是演绎的基础，没有归纳就没有演绎；另一方面，演绎是归纳的前导，没有演绎也就没有归纳。归纳和演绎互为条件，互相渗透，并在一定条件下互相转化。一切科学的真理都是归纳和演绎辩证统一的产物，离开演绎的归纳和离开归纳的演绎，都不能达到科学的真理。我们在运用归纳和演绎方法时，必须把两者有机地联系在一起，同时还必须有机地将归纳和演绎的方法与分析和综合等思维方法结合起来运用才能充分发挥逻辑思维的作用。

总结要求对做过的工作进行冷静的思考。冷静思考就是要采取一分为二的方法,既要看到取得的成绩,从中获得成功的经验;也要看到存在的不足和错误,从不足和错误中总结经验教训,把不足和错误视为成功之母,从反面总结经验。通过反思,提高认识,获得经验。总结经验不能就事论事,不能"跟着感觉走"。而要就事论理,辩证分析,力求得出科学结论,这样才能促进工作的转化。总结不能停留在表面现象的认识和客观事例的罗列上,必须从实践中归纳出规律性的结论来。学习别人的经验包括成功的经验和失败的教训,同样需要进行冷静的思考。对别人的先进经验不能完全依葫芦画瓢,照搬照抄,必须抓住其实质和精髓,同时结合自己的实际,才能收到成效;尤其对别人的失败教训,要认真研究,引以为戒,才能避免走弯路。

总结工作要思考对工作流程的改进。工作流程是对工作的指导和规范,也是对工作进行分析和总结的结果。做工作总结一定要思考流程,要根据情况的变化对流程不断进行优化和改善,通过对工作流程的分析和梳理,找出流程中的关键点、失误点和反思点,找出工作中成功的做法和失败的教训,对流程进行修改和补充,必要时可以用文件化的方式把流程固定下来,便于更好地推广应用,以提高工作的效率和效果。

总结还要有正确的思维方式。总结与每一个人的思维方式有关,即使是同一件事情或者两个人的经历大致相同,由于思维方式的不同,也可以得出不同的结论来。比如在企业内部评选先进的问题上,有的员工落选后总结经验得出的结论就是要进一步寻找差距,今后努力工作拿出业绩来说话;而有的员工则认为应该采取各种方式(包括请客送礼等不合适的方式)和各部门尤其是上司搞好关系。前者是一种积极正确的思维方式,而后者则是一种不正确的思维方式。积极正确的思维方式使人进步,将使人的职业人生道路走得更远,消极和不正确的思维方式将使人的职业人生之路走入歧途。

三、通过总结形成自己的核心资产

员工的核心资产是显性知识和隐性知识的有机融合。

什么是显性知识？显性知识就是可以用书面文字、图表和数学公式加以表述的，在计算机数据库、教科书、学术期刊上可以找到的知识。这种知识一旦创立，人们很容易获得、传播和使用，甚至比创立者用得更好。

什么是隐性知识？隐性知识就是那种属于个人思维或者诀窍之类的东西。它深深地融入一个组织经营实践或一个人的头脑之中，是看不见摸不着的，是"某一特定环境下的行为方式"。隐性知识可以分为两类：从技能类来说包括那些非正式的、难以表达的技能、技巧、经验和诀窍等；从认识类来说包括洞察力、直觉、感悟、价值观、心智模式、团队的默契和组织文化等，由于它极难细分、复制和传播，因而成为竞争优势的基本源泉。隐性知识虽然也需要通过人们的经历才能得到，但是不可能或很难以流程和文件形式把它固定下来，因此也难以模仿。

员工要形成自己的核心资产，关键看显性知识和隐性知识的掌握程度以及结合运用如何。显性知识可以通过传授和书本的学习掌握，而隐性知识不仅要通过实践和体验，而且需要通过总结并形成自己的东西后才可以掌握。隐性知识和显性知识的有机融合需要人们去进行总结提炼，通过"实践，认识；再实践，再认识"的不断循环，使两者融合不断深化并提升到一个新的水平，才有可能形成自己的核心资产。员工的核心资产也是自身的一种核心竞争力，是别人拿不走、偷不走的；它同样有一种神奇的力量，也是饿不掉、冻不坏的！

"135 系列"柴油机是 20 世纪 60 年代由上海柴油机股份有限公司、前上海柴油机厂生产的，也是我国第一台自行设计、完全国产化的高速柴油机，它开创了我国中等功率高速柴油机制造的先河。"135 系列"柴油机广泛应用于柴油发电机组、海洋捕捞船舶、内河运输船舶、水泵、工程机械、农业排灌、空气压缩机等动力配套。上海柴油机股份有限公司生产的"135系列"柴油机的注册商标为"东风"牌柴油机,已经被列入中国驰名商标,同时"东风"牌柴油机还获得了"中国名牌"产品称号。当年上海柴油机股份有限公司"东风"牌柴油机已成为国产老品牌的产品,产品一直处于一种供不应求的状态。在那个计划经济年代,当时的国家机械部为了扩大生产能力,在南通、合肥、湖南、贵州等地先后也成立了生产"135系列"的柴油机厂家。这些厂家完全搬用了上海柴油机厂的全套设计图纸和生产工艺,可是生产的产品质量却无法达到上海柴油机厂的水平。究其原因,上海柴油机厂提供的全套设计图纸和工艺文件是显性知识,而这些厂家虽然是严格按照这些设计图纸和工艺进行操作,但却是照葫芦画瓢,没有掌握上海柴油机厂生产135柴油机过程的一些隐性知识,尤其是生产工艺过程的诀窍。虽然这些厂家也多次派出工程技术人和技术工人到上海柴油机厂进行培训,但是由于隐性知识的学习需要有一个较长的时间过程,尤其是把显性知识和隐性知识有机融合并进行应用,还一时达不到上海柴油机厂的水平,生产出来的产品质量始终达不到上海柴油机厂的水平。因此,上海"东风"牌135柴油机在市场上依然供不应求,而所有的其他企业生产的135柴油机却是滞销或积压较多。

第四节　注重学习——加强员工职业化修养

一、通过打造学习型组织加强员工职业化修养

打造学习型组织,培养和造就一大批职业化的员工队伍,是提高企业竞争力的一项战略性任务。优秀企业的发展历程无不伴随着人才的培育过程。

美国彼得·圣吉在《第五项修炼》一书中对学习型组织及学习型社会做了这样的论述："生存的最好空间——学习型社会，发展的最佳模式——学习型组织。"21 世纪的员工应是能够进行系统思考、不断自我超越、不断改善心智模式、不断持续改进和创新并且能在企业愿景下共同发展的人，他们把学习不仅看作人的工作需要，而且也看作是一种自我需求，而人的学习和发展，就需要有"学习型的组织"。

在丰田公司，人们经常听到这样一句话："我们不止制造汽车，我们也在塑造人。"每一项新产品的开发设计、每一个汽车原型的打造、每一次工厂的质量检测、每一项改进措施，都是培训和提升企业人员的机会。在丰田公司，每一位经理人都必须承担教师的职责，培育杰出人才是丰田公司的第一要务。

建立学习型组织需要结合实际，不断创新学习方式。泰豪集团有限公司每年开展的"我与公司"学习活动，在创新建设学习型组织方面进行了许多有益的探索，收到了良好的效果。

【案例 4-4】

泰豪集团有限公司开展的"我与公司"主题学习活动

"我与公司"学习活动在泰豪集团有限公司已经做到了制度化、规范化，这项活动作为企业文化建设和员工职业化队伍建设的一种载体和重要形式，已经收到了良好的效果。这项活动的开展有以下几个方面的特点：

一是领导高度重视。这项学习活动由党政工团齐抓共管。每年年初的经营工作会议，在确定年度经营计划的同时，确定当年的"我与公司"学习的计划和内容，公司董事长或公司党委书记在会议上做学习动员；年末的经营工作会议既总结一年的生产经营工作，也对今年的"我与公司"学习进行总结。

二是确立学习主题。公司每年确定"我与公司"学习的一个主题，主题的确立是根据时代的特征和企业的实际，同时采取自下而上的方式进行征集，最后由公司决策层讨论决定。学习主题的确定进一步加强了学习的针对性，提高了学习的有效性。

三是编写学习资料。公司在确定每年的学习主题以后，首先会编写一本供全体员工学习的《员工学习资料》下发给大家；同时在学习过程中，每个单位的学习小组要把大家学习讨论的情况编写成学习通讯，在公司内部网上发布，并将优秀的学习心得体会文稿汇编成册，在公司的内部刊物《泰豪人》或内部报纸上发表，与大家学习共享。

四是结合企业"三考"。企业的"三考"是在学习提高的基础上进行的，三考的内容是考核、考试、考评。考核着重任职条件的确认。主要从任职资格、工作能力和工作态度（同心度、勤奋度）三方面进行评价；考试着重职业素质的提高。主要从学习能力进行评价；同时汇总考核、考试结果并进行分类排序，按30%、50%、20%的大致比例拟定本单位的骨干员工、合格员工、见习员工；考评着重工作绩效的提升。主要由直接上级负责反馈被考核人"三考"成绩并进行面谈，沟通工作绩效改善，重点对被考核人考核结果和考试成绩作出评价，了解员工在工作改进过程中所需要的支持，对其下一步工作改进提出意见和建议，以帮助员工实现"三工"（骨干员工、合格员工、见习员工）转换和绩效提升。"三考"的目的是对员工的任职资格、工作能力、工作态度以及学习能力、沟通能力五个方面的职业化能力进行考核评价，以帮助员工找出差距，提高沟通效率和职业素质，提升公司整体绩效，并为员工的聘用、晋升、培训、调岗、调薪等提供依据。

案例启示：学习型组织是在建立一种新型的企业文化，一种通过学习而获取知识、进行创新和自我改进的文化。这种文化只有紧密结合企业和员工的日常工作实际，并深入员工的思想中且落实到行动上，才是充分有效的。

二、通过阅读学习加强员工职业化修养

据有关媒体报道，中国年人均读书0.7本，韩国人均7本，日本人均40本，俄罗斯人均55本。这个数字是否确实不敢肯定，但是我们可以看见，目前在中国各地中小城镇最繁荣的娱乐业要算麻将馆和网吧了，有不少中老年人每天在麻将桌上修建中国"新的长城"，还有不少年轻人和少年儿童的业余生活除了看电视，就是不分昼夜地上网打游戏。在现实生活中，当下有不少中国人的娱乐生活几乎可以浓缩为搓麻将、上网打游戏和看电视这三大项了。这种氛围不可能使人们静心读书，更不利于青少年的健康成长。

学习必须有一个良好的氛围。这个氛围就像是生态环境，在恶劣的生态环境下，生命会受到摧残；在良好的生态环境下，生命会茁壮成长。在一个良好的学习氛围中，你会感到学习是在顺应一种潮流，学习会成为人的一种自觉行动；在一个崇尚学习的氛围中，你会感到不学习是一种耻辱，不学习会丢人，不学习就不行。而在不爱学习的环境中，你会感到想学习也不行，人会变得意志消沉、不思进取、无所事事，最后不得不沉溺在一些消磨时光的娱乐之中，这也是人之常情。我们经常讲人的内心要强大，体现为精神世界的丰富和充实，背后是酷爱学习和博览群书的结果。

学习是员工成长发展的必由之路。热爱学习要先从热爱阅读开始，坚持阅读要从营造好的学习氛围开始。我们当前需要努力营造这样一个良好的学习氛围，为我们员工的发展创造一个良好的学习生态环境。在这样的环境中，我们的员工才能更好地不断吸收阳光、雨露和各种养分，才能更好地茁壮成长。

【案例 4 – 5】

犹太人读书的故事

这个世界上最爱读书的人是犹太人，每年人均读书64本。他们读书的好

习惯从娃娃就开始抓起。当孩子稍稍懂事时，几乎每一个母亲都会严肃地告诉他：书里藏着的是智慧，这要比钱或钻石贵重得多，而智慧是任何人都抢不走的。犹太人是世界上唯一一个没有文盲的民族。在犹太人眼里，爱好读书看报不仅是一种习惯，更是人所具有的一种美德。一个最典型的事例是，在犹太人的重要节日"安息日"里，所有的犹太人都要停止所有商业和娱乐活动，商店、饭店、娱乐等场所都得关门停业，公共汽车要停运，就连航空公司的班机都要停飞，人们只能待在家中"安息"祈祷。但唯有一件事是特许的，那就是全国所有的书店都可以开门营业。而这一天光顾书店的人也最多，大家都在这里静悄悄地读书。正是靠着读书，建国历史虽短的以色列，却已经跻身于世界发达国家行列。以色列自然环境恶劣，国土大部分是沙漠，而以色列却把自己的国土变成了绿洲，生产的粮食不但自己吃不完，还源源不断地出口到其他国家。以色列人口稀少，但人才济济。建国才几十年，诺贝尔奖获得者就有8位。

案例启示：说犹太人聪明，是因为犹太人太热爱学习；说犹太人热爱学习，是这个民族有一种热爱学习的氛围。热爱学习是一个民族走向富强和发达的不竭动力，中国要实现民族复兴，必须在全民族营造这样一个良好的学习氛围。

中国要实现伟大的民族复兴，员工要不断提高自己的职业素养，必须要有良好的学习氛围，良好的学习氛围应从阅读开始。坚持阅读数年，必定会有好处。但是要做到坚持阅读并有好的收获并非易事。这既要讲究方法，还要有坚定的毅力，因此，在阅读过程中要处理好以下几个方面的关系：

· 阅读内容专与泛的关系

阅读既要博览群书，也要有一定的针对性。一个优秀的职业化人才，不但需要有广泛的知识，同时要根据自己的职业来选择自己所需的专业知识，必须在其所从事的专业方面有特长。各种科学文化知识有其相通的一面，学习时可以触类旁通，加深对各种专业知识的理解，同时博览群书还可以陶冶人的情操，提高人的综合素养。

·阅读计划长与短的关系

阅读计划要做到长计划、短安排。长计划就是要根据自己职业发展目标制定长远的阅读计划；短安排就是要根据急用先学、优先发展的原则制定近期的阅读实施计划。实施计划要做到可操作性和可实现性，在第一个短安排完成后再对下一个短安排制定实施计划，必要时可以对长计划进行调整。通过长计划、短安排，可使我们的阅读更加系统，阅历更加丰富。

·阅读过程中学与思的关系

子曰："学而不思则罔，思而不学则殆。"指的是一味读书而不思考，就会因为不能深刻理解书本的意义而不能合理有效利用书本的知识，甚至会陷入迷茫；而如果一味空想却不去进行实实在在的学习和钻研，则终究是沙上建塔，一无所得。告诫我们只有把学习和思考结合起来，才能学到切实有用的知识，否则会收效甚微。因此阅读必须与思考相结合，在阅读中深入思考，在思考中不断阅读，才能收到良好的效果。在阅读过程中我们可以尝试以下一些方法：

——在阅读中质疑。有人说，阅读就是站在前人的肩膀上；也有人说，阅读是在与大师进行心灵的对话。但是，我们又要记住陈云同志说的一句话："不唯书、不唯上，只唯实。"在阅读中质疑，就是我们应该对任何事情都要问一个为什么，对前人和大师的著作和名言，既要认真学习体会，同时还要经过自己的独立思考，绝对不应提倡奴隶主义，绝对不应盲从。

——在阅读中想象。在浩瀚的知识宝库中，阅读就像把我们的思绪带入了知识的海洋，使我们有更多的想象空间。有想象力才会使我们迸发出灵感，有灵感就会有创造力。只有在阅读中善于发掘自己的想象力，才能不断有新创意，才会有更大、更多的收获。

——在阅读中陶冶。古人说："书中自有黄金屋。"在阅读中不断挖掘知识的宝库，就像在知识的海洋中遨游，使我们享受知识的盛宴和大餐，思想得到升华，情操得到陶冶。

——在阅读中积累。坚持阅读就是知识的沉淀和积累，从点滴开始，日积月累，我们才能做到厚积薄发。有人说：好记性不如烂笔头。因此积累要做好阅读笔记，并经常温故而知新。这样经过长时间的努力，我们就能对相关的知识信手拈来，运用自如。

三、通过工作和社会实践学习加强员工职业化修养

毛泽东说："读书是学习，使用也是学习，而且是更重要的学习。"因此要重视在工作实践中学习，把工作实践学习作为员工学习的必修课。

工作实践是最生动的课堂，能帮助我们加深对理论知识的理解。书本上的知识，只有通过实践才能进一步加深理解；有许多课堂上学不到的知识，需要在工作实践中进行补充和提升。尤其是在企业，工作必须讲实效，做事必须求结果。因此不管是学习管理科学或者工程技术专业的员工，都必须深入企业生产经营实际，把理论上的知识与企业的实际工作相结合，做到融会贯通，才能有所建树，否则学工商管理的就会理论和实际相脱离，不可能懂得真正的企业管理；学工程技术的也只会是闭门造车，搞不出好的产品设计和工艺。

社会实践是最好的老师，实践能帮助我们更多地认知社会。人的智商与情商与我们每个人的事业成功有着密切的关系。智商（IQ）是认识客观事物并运用知识解决实际问题的能力，如观察力、记忆力、想象力、分析判断能力、思维能力、应变能力、推理能力等。所以，智力越高，就拥有某些过人的能力。情商（EQ）是一个人自我情绪管理以及管理他人情绪的能力指数，主要是指人在情绪、情感、意志、耐受挫折等方面的品质。有人通过对智商和情商的研究发现：一个人的成功，智商占20%，情商占80%。真正成功的人，他们一定是智商和情商结合运用的典范。现在情商越来越多地被应用在

企业管理学上。对于组织管理者而言，情商是领导力的重要构成部分。职业化员工在现代社会生活和工作中也离不开情商。但是我们却发现，有些人从家门到校门，从校门到办公室门，缺乏对社会的了解和实际工作的锻炼，因而在实际工作中，很难做出突出的成绩；有的人很会读书，却不会管理自己，更不会管理别人。我们每一个人都是社会人，在社会生活中，提高对情商的管理非常重要。事实上人与人之间的情商并无明显的先天差别，更多与后天的培养尤其是工作实践息息相关。事实也证明，社会和工作实践是一个大学校，我们不仅要接受学校课堂的教育，也必须经历社会和工作实践的磨炼，才能成为情商和智商健全发展的员工。

第五节　自我修炼——磨砺员工职业化修养

一、自我修炼需要自我觉悟

毛泽东同志指出："外因是变化的条件，内因是变化的根据，外因通过内因而起作用。"人的思想转化需要一定的外部环境和条件，但是最主要的还是要通过人的内因起作用。也就是说，员工的职业化修养主要需要自我觉悟，即要靠自己打开灵魂深处的那扇大门。

1. 人首先要正确认识自己

认识自我，看似简单，实则艰难。鲁迅先生说过："我的确时时解剖别人，然而更多的是更无情地解剖自己。"世界上最难的事是认识自己，人贵有自知之明。自我解剖就是通过反省、检查自己的思想和言行，对自己进行客观的实事求是的评价。犯错误、有缺点并不可怕，可怕的是对自身的缺点常常看不到、看不透、看不全。解剖自己是一个"洗心革面"的改造过程，只有经常反省剖析自己，勇于自责，及时清除思想上的灰尘，才能防微杜渐，逐步提高思想道德水平。正如人天天要洗脸、房屋天天要打扫一样。正确认识自己，需要敏锐的眼光、理智的头脑和直面现实的勇气；正确认识自己，既要看到自己的不足，也要看到自己的优势和长处，任何偏颇的看法都是不对的。只有敢于正视自我，解剖自我，才能发现自己存在的问题与不足，才能发现个人的价值所在；真正认识自我，才能走出自己的人生之路；真正认识自我，才能让我们的人生之路更清晰、步伐更坚定！

正确认识自己就是要坚持把"三省吾身"和"敢于自己和自己过不去"作为一种常态来管理和要求自己。

"三省吾身"指的是每日从多个方面检查并修正自己的言行，从自身做起，推己及人，做一个道德高尚的人。春秋时期，孔子的学生曾参勤奋好学，深得孔子的喜爱，同学问他为什么进步那么快。曾参说：我每天都要多次问自己：替别人办事是否尽力？与朋友交往有没有不诚实的地方？先生教的学生是否学好？如果发现做得不妥就立即改正。要做到"三省吾身"，还需要"见贤思齐焉，见不贤而内自省也"。说的是看到有德行有才能的人就向他学习，希望能在其中和他看齐；见到没有德行的人就要在内心反省自我的缺点，有则改之，无则加勉。古人都尚且知道应该对自己的言行进行检查反省，作为职业化员工来说，时代的要求和承担的责任更需要我们经常检查反省自己。我们每天都要照镜子，但是我们在照镜子的时候，是否在时时提醒自己："你认识自己吗？"唯有经常检查自己，不断反思自己存在的缺点和不足，并勇于正视自己缺点和不足的员工才能使自己成为一个具有完整人格和有道德修养的人。

"敢于自己与自己过不去"不是自寻烦恼，更不是自找苦吃、活受罪，而是自找差距，向自己亮剑，挑战自我、解剖自己，从自己灵魂深处查找错误思想病根。职业化员工素养的一个重要方面就是具有自我纠错的能力，就是在工作和学习的过程中不断地否定自我，使自己在否定中不断产生新的飞跃，不断进行完善，不断进行创新，不断进行自我超越。

2. 人要虚心接受意见修正错误

"良药苦口利于病，忠言逆耳利于行。"自我觉悟要能够虚心听取别人对自己的批评意见，闻过则喜，只有善于听取批评意见，才能做到修正错误。

首先是要痛下决心。有的人虽然知道自己的缺点和不足，但是下不了决心，采取讳疾忌医的态度，那么等待他的只能是在错误的道路上越走越远，最后直至病入膏肓、无可救药。

其次是要对症下药。要做到对症下药，必须搞清楚病情，积极配合医生，把自己病情的前因后果如实告诉医生，必要时通过各种医疗设备对身体进行检查；还要根据病情，确定是看中医还是看西医，是下猛药还是保守治疗，是手术还是吃药；必须对治疗过程的情况和医生及时沟通，以便医生更好地及时调整治疗方案。

最后还要持之以恒。俗话说"病来如山倒，病去如抽丝"。人生了病有一个治疗期和一个恢复期，康复需要一个过程，有时病情还会有反复。这时候我们一定要坚定信心，积极配合医生进行治疗，同时加强自我锻炼，病就会慢慢好起来的。人有了错误和缺点也和生病一样，不是一个晚上就能改掉的，同样有一个渐进的过程。对自己的缺点和错误，只要有敢于改正的决心和勇气，经过一段时间的磨炼是完全可以改正的。

二、自我修炼需要提倡独处

1. 独处是人的一种能力

独处是一个人自我理性思考、判断和自我管理的能力。交际是一种能力，因为交际需要善于观察、判断、应变和表达。独处也是一种能力，从某种意义上来说还是一种更重要的能力，因为独处需要善于思考、判断、分析和决策。一个耐不住孤独、不能在独处中静心思考且不善于自我管理的人不能不说职业人生存在缺陷。

在当今世界，一种乱哄哄乃至浮躁的心态一直在笼罩着我们。但真正的顿悟、突破，往往是在我们能够定下心来进行思考、能够静下心来倾听时实现的。

独处是思考的一种精细加工过程。人的大脑就像一个加工厂，平时大脑接收了客观世界中各种事物的运动状态和变化的诸多反映，这些运动状态和诸多反映有时来不及加工或精加工，需要安排一个时间和机会也就是我们所说的独处，对这些诸多反映的东西再次进行筛选，以便去伪存真、去粗取精，唯有经过合理和精细加工过程的东西，才能形成我们所需要的信息并加以合理利用，才能作为提供决策的有效依据。

独处是思考的一种消化过程。就像牛吃草后消化过程一样，牛吃了草以后，先把食物存放在一个叫"瘤胃"的地方。等闲下来了或它们认为很安全的时候，把已在瘤胃经过初步微生物消化后的食物逆呕回口中重新咀嚼。所以独处像一头老牛，一时间吃了太多的东西后，需要在那儿静静地反刍、消化、梳理、回味，才能真正被吸收。

独处不是自我封闭，而是对外部世界的系统思考。善于独处的人，一定善于对外部世界进行系统的思考，这样他才能对问题有深刻的洞察能力、分析能力和判断能力，形成自己的意见和看法，这样他才会感到内心强大，才能拥有一个相对自足和丰富的内心世界，而这又会进一步影响到他与外部世界的关系。人有所思才有所悟。所以，善于独处的员工，工作上才更容易有新的进步，事业上才会有新的突破。

2. 独处可以激发思考的力量

有的人在对重大问题进行决策时，往往需要闭门思过，才可能做出慎重的决定。这是因为独处可以激发思考的力量。

独处最有利于人们进行冷静、独立和系统的思考。只有善于独处的人，才能在独处中认真观察，缜密分析，冷静思考，才能有独到的见解，做出正确的判断。当你经过一天紧张的繁忙，现在静静地坐下来梳理一天工作的时候，没有干扰、没有喧嚣，一个人追问自己：我今天主要干了哪些工作？哪些工作干得比较好，需要继续保持？哪些工作干得还有差距？如何改进？这些问题不断逼着自己去思考、去学习、去找答案、去积极地面对。只有在这个时候，你才会觉得自己更属于自己。

独处最有利于激发人们的灵感。因为人们的心智大门往往是在独处时才会开启，当你一个人散步的时候，当你一个人做事的时候，或是夜深人静半夜醒来的时候，许多想法和念头或感悟就会油然而生，心灵的火花被突然点燃。有许多人的创作灵感、发明灵感往往是在这样的情况下迸发出来的，由于有了灵感，所以才有了许多好的作品、好的发明和创造。这种灵感又会稍纵即逝，你必须迅速抓住这种灵感，并把它立即记录下来。

3. 独处可以使人们修心养性

独处可以净化人们的心灵。独处是一种处世的态度，是一种身心的自我调整。独处时可以思考，可以回归本真，在沉思中找到真实的自我，更是一种独立人格的体现。当人们静静思考的时候，那一刻人们才能真正分析自己，看清自己的内心，看清这个世界。善于独处的人把独处看成是一种享受。远离都市繁华，浮生若梦，灯红酒绿。此刻，让我们的心灵回归，摒弃浮生的嘈杂，淡远逐利的喧嚣，个人独处的时候身心才得以安宁，通过梳理自己一天的所作所为，扪心自问，拷问自己的心灵，净化自己的心灵，可保持心灵的平衡。

独处可以陶冶人们的情操。独处使我们拥有一片静谧的空间，真正地享受一下独处的时光，一扫所有的烦恼和久积心头的忧郁，闭门思过，清心寡欲，感受自我，静思内省，清除灵魂深处的污泥浊水，让心灵得到净化，在思考中得到思想的升华。爱独处之人，远离喧嚣的外界和嘈杂的闹市，躲进书斋，以书为伴，皓首穷经，吸取营养。尽管读几本书，寒不可衣，饥不当食，却可以净化人们的灵魂；爱独处之人，夜深人静之时，遥望星空，慨宇宙之浩大，叹人生之短暂，绝不会去与人争蝇头小利，却可以陶冶自己的情操。

独处可以调整人们的心态。一个人在纠结、烦心、痛苦的时候，或是事情来得太突然自己无法接受的时候，最常说的一句话是：让我一个人待会儿。这个时候一个人待会儿，便是时间与空间馈赠的最好礼物。受了伤痛之后真正可以劝慰自己的人其实只有自己。独处能使人养成自己独立思考、独立做事、独立学习、善于整理自己思绪、善于计划安排自己生活的好习惯，使自己在静心的状态下休养生息，使疲惫的身心得以调整，受伤的心灵得以慰藉，压抑的精神得以滋养。

三、自我修炼需要提倡慎独

"慎独"是古人推崇的一种高尚品德。"慎独"语出《中庸》："莫见于隐，莫显于微，故君子慎其独也。"其意是当独自一人而无别人监视时，也要表里一致，严守本分，不做坏事，不自欺。可见所谓"慎独"是指人们在独自活动无人监督的情况下，也能严格要求自己，自觉遵守道德准则，不做任何不道德的事。

1. 慎独体现员工职业修养

员工在工作中的慎独是一种崇高职业精神的体现，他们在任何时候和任何情况下都能勤勤恳恳、任劳任怨地工作，充分体现了工人阶级的高贵品质。我国的工人阶级在社会主义的建设过程中做出了突出的贡献，涌现了一大批杰出的代表，尤其是他们立足本职工作体现出的慎独精神，是人们学习的光辉典范。

大庆油田李天照井组于1963年首创了"四个一样"，即对待工作"黑天和白天一个样，坏天气和好天气一个样，领导不在场和领导在场一个样，没人检查和有人检查一个样"，这是大庆油田广大职工自觉坚持标准、严细作风的真实写照，得到周恩来同志的高度赞扬，并写入当年颁布的《中华人民共和国石油工业部工作条例（草例）》，作为工作作风的主要内容颁发。李天照井组管的是一口1961年7月投产、地处油田边缘的油井。自投产以来，未发生过一次事故；井场设备863个焊口和170多个阀门，没有一个漏油漏气；使用过的大小工具无一损坏丢失；记录的上万个产量和压力等数据，经反复检查后无一差错；油井长期安全生产，月月超额完成生产任务。其基本生产经验是自觉从严做到了"四个一样"。大庆会战工委大力总结推广他们的先进经验，使"四个一样"逐步成为大庆职工的优良作风。这一优良作风其实质是高度的自律精神。职工队伍有了这种好作风，各项制度就能切实贯彻落实，各项工作就能扎实开展，一个小队、一个班组、一个人即使单独执行任务，也能信得过，做出来的工作也很出色。

2005年十大感动中国人物之一的王顺友，是云南的一个普通的乡村邮递员，他20年如一日，一个人、一匹马，走在一条艰苦而寂寞的邮路上。他冒着生命危险跋涉在人迹罕至的高寒深山：摔倒了，爬起来；口渴了，喝口泉水；肚饿了，吃点干粮；下雨了，躲进帐篷。马驮人送，走村串户，深山独行53万里。尽管生存环境和工作条件十分恶劣，但他没有延误过一个班期，没有丢失过一封邮件，投递准确率达100％。他说："保证邮件送到，是我的责任。"王顺友立足本职，心系山民，20年如一日，上高山，下深谷，冒严寒，顶酷暑，行行重行行，严格要求自己，恪守慎独，堪称典范。

大庆油田人的"四个一样"和王顺友的"认真送信"，体现的是一种高度的职业精神，同样的慎独，不一样的表达；人间慎独，时时处处闪光。中国有慎独的优良传统，中国的工人阶级有慎独的优良传统作风，现代职业化员工需要提倡和发扬这种优良的传统。

2. 慎独是员工职业化修养的必修课

刘少奇在《论共产党员修养》一书中，主张把"慎独"作为共产党员修养的方法加以运用。他指出，共产党员"即使在他个人独立工作、无人监督、有做各种坏事的可能的时候，也要能够'慎独'，不做任何坏事"。他力倡共产党人要自省、自重、自律、自觉地改造世界观，并且养成自我约束的习惯，不论在任何情况下，严格自律，毫不懈怠，做堂堂正正的君子，使自己仰头无愧于党，俯首无愧于民。

员工也要用慎独来规范自己的职业行为。要用职业道德标准来自觉地约束自己，做到襟怀坦荡、光明磊落；要按照职业化的要求对待所从事的工作，不管在任何时候和任何情况下，都做到老老实实做人，实实在在做事；面对来自各方面的诱惑，要能够经受住考验。

但是，现实工作中有些员工在不能实施有效监督的情况下，不能自律的现象时有发生，具体表现在：有的人利用个人权力以权谋私。在权力无法得到监督的情况下，有些人往往利用自己手中或多或少的权力谋取私利。有些人甚至把自己手中的权力用到极致，为自己谋求私利；有的人台上说一套，台下做一套。有的人台上说起来头头是道，台下做的是另外一套；有的人上班时道貌岸然，八小时以外却干出有悖道德伦理的事情；有的人在工作场所的众人面前讲究卫生，独自或无人监管时就随地吐痰、乱扔废弃物；还有的人有人检查时能遵守单位的规章制度，无人检查时工作自由散漫，劳动纪律松懈等。

对员工的职业规范，需要有制度的约束，但是也必须有职业道德的自我约束，即在无人监管的情况下，要以慎独的要求来约束自己的行为。事实上在任何时候、任何情况下，企业都不可能对员工的职业行为作出非常详细的规定。这个时候，用员工的话来说，就是要凭良心来做事。这个良心，就是员工的职业道德水准。慎独,是衡量一个人道德水准的试金石。一个人在有监督的情况下遵守规章制度和不做坏事比较容易,而在独处时也能自觉遵守规章制度和不做违反道德准则的事,则需要有很高的道德修养。

慎独,其实就是"慎心",要诚其意,在各种物欲的诱惑面前,靠"心"把持住自己——面对酒色财气,坚持"吾心有主",不为所动。慎独,其实也是"慎始",做任何事从开头就要十分谨慎,如果开始时就不谨慎,还怎么能保证有好的结局呢?慎独,其实就是"慎终","慎终如始,则无败事",意思是说当事情结束时,要像开头一样慎重对待。慎独提倡用礼来约束自己,就不会离经叛道,要"非礼勿视,非礼勿听,非礼勿言,非礼勿动"。在当今社会,慎独对我们有更多、更高的要求。因此,将慎独作为员工职业化修养的必修课是完全必要的。

3. 慎独有利于员工实现职业化的自我提升

毛泽东说:"一个人做点好事并不难,难的是一辈子做好事。"同样,一个人在大庭广众之下做君子不难,难的是在无人看见的时候也做君子。

· 慎独的最高境界是自律

自律,即自我约束,体现了一个人的道德修养,养成了这个好的习惯,无论别人在与不在时,你都可以做到约束自己的行为。建设法治社会需要有法律和制度的约束,但是面对物欲横流的社会,约束又有一定的局限性,有许多触不到的地方,就像道德有许多无法达到的境界一样。而如果我们能够做到自律,那么我们将会受到自我良心的拷问,就会从内心产生约束力,有效地控制自己的各种不良思想、欲望、感情、言语和行为,就能更好地自己管理自己。中国传统文化中有许多严格自律的典范,至今广为传颂。如春秋时鲁人柳下惠"坐怀不乱"的典故。相传在一个寒冷的夜晚,柳下惠夜宿于城门,遇到一无家女子。柳下惠恐她冻死,叫她坐在怀里,解开外衣把她裹紧,同坐了一夜,并没发生非礼行为。于是柳下惠就被誉为"坐怀不乱"的正人君子。还有一个杨震"暮夜无知"的典故：东汉时杨震在赴任东莱太守途中，路经昌邑。当时的昌邑县令王密，是杨震任职荆州刺史时举荐才提拔的官员。王密听说杨震路过本地，为报答当年杨震的提携之恩，于是白天去谒见杨震，晚上则准备了白银十斤想赠送给杨震。杨震对他说："我深知你的为人，为何你却对我一无所知？"王密说："放心吧，三更半夜的，没人知道这件事。"杨震义正词严地说："天知、地知、我知、你知，怎么能说没有人知道呢？"王密听了，惭愧离去。

柳下惠"坐怀不乱"和杨震"暮夜无知"的典故，说明人必须控制自己的"色欲"和"贪欲"，不能让任何微小的邪恶念头发生，这样才能使自己高尚起来。养成自律习惯，提高自律能力，加强品质修养，自律能使人学会战胜自己，能使人养成良好的行为习惯，最终使自己的职业道德品质得到提升。

· 慎独最重要的是懂得自尊

自尊也叫自尊心，自尊心是尊重自己、维护自己的人格尊严，并期望得到他人、集体和社会的尊重和爱护，不容许别人侮辱和歧视的心理状态。古希腊哲学家毕达哥拉斯说过："无论是在别人跟前或者单独的时候，都不要做一点卑劣的事情；最要紧的是自尊。"

自尊必须懂得自爱，即做到严格要求自己，洁身自好。只有懂得自爱的人才会得到别人的尊重。我们应该从自尊中学会尊重别人，在自尊中学会立身处世。尊重别人是一种美德，被别人尊重是一种幸福；尊重别人就是尊重自己，只有尊重别人才会得到别人的尊重。同时，自尊与虚荣不同，自尊是对自己负责，追求的是踏实；虚荣是为自己化妆，追求的是表面的荣耀和光彩。自尊与自傲也不一样，自尊的人没有傲气，但有正气；自傲的人自视清高，目中无人。

自尊心是一种前进的动力，是一个人成才和成功的重要条件，也是成功者必备的思想品德。因此，自尊是我们每个人都必须具有的一种内在的巨大力量，会使我们奋发努力，不甘落后。每个人都有自尊心，我们通常说人要有"面子"。"人要脸，树要皮"。人要脸，就是要懂得自尊，就是活得要有意义，要有价值；人若失去了自尊，就失去了生命的价值。人假如连脸都不要了，活着还有什么意思呢？树要皮，即要生命，树有了皮才能够活下去。

有一个许衡"不食无主之梨"的典故：元代大学者许衡一天外出，因为天气炎热，感到口渴难忍，而路边恰好有一排梨树，同行的人纷纷去摘梨，唯独许衡不为所动。"何不摘梨解渴呢？"有人问许衡。许衡回答说："不是自己的梨，岂能乱摘？"那人笑他迂腐，说："世道这样乱，梨树的主人是谁都不知道，还有这么多的顾忌吗？"许衡正色道："梨虽无主，我心有主。"

许衡的一句"梨虽无主，我心有主"向我们揭示了一个做人的道理：在职场上，面对形形色色的诱惑，要恪守慎独，保持做人的自尊，就必须有道德观念，遵守规则，坚持做自己，把握做人的底线。

综上所述，慎独既是一种职业道德修养原则，又是一种职业道德自我修养的方法。慎独使我们保持做人的坦荡，让我们感到心底无私天地宽；慎独使我们保持做人的尊严，让我们感到豁达开朗和快乐！

参考文献

［1］李建立，周永亮．让责任到位的工作方法：职业化员工优秀培训读本［M］．北京：机械工业出版社，2011.

［2］杨路．不逼自己职业化，就不知道舞台有多大［M］．广州：广东经济出版社，2012.

［3］房伟．卓越员工职业生涯管理［M］．北京：北京工业大学出版社，2014.

［4］陈天星．工作要有好心态：二十一世纪的核心竞争力是态度［M］．北京：中华工商联合出版社，2012.

［5］汪洱．金牌习惯职业化培训手册［M］．北京：机械工业出版社，2008.

［6］王元华等．员工职业道德教育读本［M］．北京：中国言实出版社，2012.

［7］吕国荣．一流员工的十大职业素养［M］．北京：中国纺织出版社，2014.

［8］严正．成功心态：成就一流员工的职业素养［M］．北京：机械工业出版社，2007.

［9］王超．卓越用工丛书：卓越员工团队精神［M］．北京：北京工业大学出版社，2013.

［10］白智慧．企业员工职业化素养手册［M］．北京：北京工业大学出版社，2011.

后　记

　　本书的写作源于我对职业化人生的思考。首先来自于 2010 年 10 月 28 日我在泰豪科技股份有限公司"泰豪讲坛"的演讲，演讲的题目就是《谈谈员工的职业化修养》。这次演讲得到了大家的首肯。在我的职业人生道路上，既有一帆风顺，也有大起大落、跌宕起伏；既收获了事业成功的喜悦，也饱尝了职场的艰辛和酸甜苦辣。这些经历使我深深地感到在企业无论做什么工作，在任何情况下，都离不开"人"这个根本。企业的发展、民族的振兴、国家的富强，迫切需要培养和造就一大批职业化的高素质人才。

　　在写这篇书稿的过程中，我常常想起曾经工作过的企业以及我的领导、师傅和同事们，感谢他们教给我许多做人做事的道理，他们的言传身教使我从中汲取了职业化素质的营养，我职业人生的每一点进步都离不开他们的关心、帮助和爱护；尤其要感谢泰豪集团公司和泰豪科技股份有限公司为我职业人生提供的机会和发展平台，使我对职业化人生的内涵有了更多和更深刻的理解与感悟。

　　在本书即将出版的时候，我也非常感谢广州零牌咨询机构的首席专家、中山大学和华南理工大学特聘教授祖林老师和赵雅君老师，泰豪科技股份有限公司原常务副总裁孔祥川先生，以及泰豪集团有限公司文化办等在我写作本书的过程中给予的指导、支持与帮助。

　　写作本书历时一年时间。由于比较匆忙，书中的不当之处欢迎大家批评指正并敬请谅解。

刘 璋

2015 年 5 月